IL FONDAMENTO DELLA MORALE

ERMINIO JUVALTA

Texte et illustration de couverture : © domaine public
Edition : Culturea (Hérault, 34)
Contact : infos@culturea.fr
Retrouvez notre catalogue sur http://culturea.fr
Imprimé en Allemagne par Books on Demand
Design typographique : Derek Murphy
Layout : Reedsy (https://reedsy.com/)

Dépôt légal : janvier 2023

ISBN : 9791041844739

Parte prima
IL FONDAMENTO DELLA MORALE

Capitolo primo
IL CARATTERE DEL PROBLEMA E LE SUE FORME

Se la saldezza di un giudizio dovesse giudicarsi dall'accordo delle dottrine che cercano di stabilirne il fondamento, nessuna specie di giudizi sarebbe più incerta dei giudizi morali. Se così non è, se i giudizi, o almeno alcuni, sono, nonostante l'incertezza del fondamento, riconosciuti e accolti come validi incontestabilmente, può apparire legittimo il dubbio, o che il "vero" fondamento non sia ancora trovato, o che non si possa trovare: cioè che il problema sia insolubile. E in questo caso: se sia insolubile per difetto di mezzi, ossia per radicale nostra incapacità a risolverlo; o perché è un problema mal posto, cioè nella forma con la quale si presenta, illusorio e fittizio.

Dichiarando subito che a mio credere il problema è insolubile, ed è insolubile perché fittizio, m'è appena necessario di soggiungere che ciò non equivale in nessun modo (come potrebbe parere a prima vista) a ritenere prive di significato ed infeconde le indagini e le discussioni delle quali fu lievito, né tanto meno ad ammettere che, rimosso il problema fittizio, nessun problema gli sottentri, anzi non ne rampollino più altri al luogo suo.

Mostrare come e perché un problema sia mal posto, non è altro in effetto che la preparazione necessaria a sostituirgliene degli altri.

Il problema del fondamento è ispirato primamente e dominato, si può dire, in tutte le sue forme da una preoccupazione pratica e apologetica: Bisogna dimostrare che la morale ha ragione; che quel che essa suggerisce o prescrive è veramente bene che la sua autorità è legittima e deve essere rispettata. Ora un tal modo di porre il problema presuppone manifestamente che su ciò che la coscienza morale prescrive non cada dubbio; o che, se il dubbio sorge nasca non da incoerenza o opposizione di criteri diversi o contrastanti, ma da errore e confusione di interpretazioni e di giudizio nelle applicazioni concrete. Il che si accorda con la osservazione di fatto che fino a quando il presupposto è legittimo, cioè nei limiti nei quali corrisponde a una convinzione universale saldamente stabilita, non è questa o quella dottrina sul fondamento della morale che fa accettare o respingere i dettami della coscienza morale, secondo che si accordano o no con la dottrina, ma sono le convinzioni morali che fanno accettare e respingere una dottrina secondo che è o appare adatta o disadatta a dar ragione della loro certezza, a mostrarne la validità.

Questa preoccupazione pratica spiega l'insistenza e la pertinacia degli sforzi volti a risolvere un problema radicalmente insolubile: di giustificare ciò che è presupposto in ogni giustificazione; di derivare da delle idee una volontà; di creare con dei ragionamenti un potere; illusione che si rivela nelle forme più svariate e negli indirizzi più diversi, e per la quale accade, cosa notissima, che a ciascun sistema riesce assai più facile dimostrare l'insufficienza degli altri, che provare la sufficienza propria.

Il problema fu infatti inteso in modi diversi, e la soluzione cercata in direzioni corrispondenti, distinte e chiaramente separabili; sebbene il più delle volte variamente intrecciate e sovrapposte l'una all'altra in un medesimo indirizzo di pensiero e anche in uno stesso sistema.

3

Infatti la domanda: "Perché dobbiamo noi fare, cioè volere ciò che la coscienza morale ci detta", che è la forma più larga e indifferenziata in cui il problema si esprime, suggerisce quattro tesi o tipi di soluzione diversi:

I. Considerare i principi e le norme morali come "verità" di cui si cerca il fondamento in una realtà obbiettivamente data alla coscienza.

II. Dimostrare la bontà di ciò che la morale prescrive, cioè derivarne le norme da un fine ossia da un bene o ordine di beni (qualunque ne sia poi la natura) che ne giustifichi l'osservanza.

III. Provarne l'autorità; e cercare di questa autorità il fondamento: a) sia nella storia; b) sia in una volontà distinta dal volere personale e che si impone ad esso.

Ciascuno di questi tipi di soluzione deve essere esaminato più brevemente che sia possibile, ma esaurientemente.

Capitolo secondo
IL FONDAMENTO CERCATO NELLA REALTÀ

La persuasione che i principi morali, i criteri di valutazione, le norme della condotta, non solo possano ma debbano avere il loro fondamento in un ordine di verità accertabile teoricamente, cioè si possano ricavare da rapporti o leggi validi obbiettivamente, in nessuna altra forma forse appare più chiaramente che in quella della questione, dibattuta con tanto accanimento, se la morale si fondi sulla scienza o sulla metafisica, e nella natura degli argomenti messi in campo così dall'una come dall'altra parte.

Perché la "scienza" si sforzava di dimostrare che la realtà a cui faceva appello la metafisica era immaginaria o inverosimile, e in ogni caso arbitraria ed incerta, e quindi non poteva su di essa fondarsi nulla di obbiettivamente valido; e la "metafisica" insisteva nel porre in evidenza la relatività, la contingenza, la limitatezza della conoscenza empirica; e l'impossibilità di attingere in essa alcuna verità necessaria ed universale, e perciò una qualsiasi validità né di forma, né di fine, né di doveri.

Ora l'uno e l'altro tipo di argomentazione si svolgevano e si svolgono appunto nell'ambito di questo presupposto: che i principi morali debbano fondarsi su qualche cosa d'altro, che li legittimi, che ne dimostri la certezza, che ne faccia riconoscere la verità; senza avvertire che il fatto stesso del discutere, cioè dell'ammettere la buona fede, cioè dunque la moralità del contraddittore, smentisce il presupposto. Il che concorda con l'osservazione ovvia ma non negabile per la sua massiccia evidenza: che si trovano degli uomini di sincera e provata rettitudine morale fra i seguaci delle più diverse dottrine.

Né vale l'obbiezione che si può fare e si fa: che non si tratta di vedere se ci siano delle persone morali, tra i seguaci di una dottrina, ma se questi siano logici o siano coerenti con se stessi; ossia se con quelle dottrine si possa ragionevolmente conciliare quel modo di giudicare e di valutare.

Perché una tale obbiezione non esce dall'ambito del presupposto, anzi lo implica, appunto perché ammette come pacifico che un criterio di valutazione morale abbia una connessione necessaria, cioè logica, con certi principi teorici, e che non possa essere accettato se non in grazia di quei principi. Ma è il presupposto del fondamento teorico che bisogna provare; e non si prova con una petizione di principio. Il criterio morale a non si legittima se non col principio teorico A; se troviamo accettato a con B con C con D e non con A, vuol dire che quella coscienza è illogica, incoerente. Ma perché diciamo noi che sono illogiche le menti che non connettono a con A invece di riconoscere semplicemente l'altra alternativa: che è possibile così l'una come l'altra connessione, che non vi è nessuna necessità intrinseca di dipendenza di a da A?

Appunto perché, se si ammettesse che un medesimo criterio morale può accordarsi con principi teorici diversi, si dovrebbe ammettere che non si fonda né sull'uno né sull'altro, cioè che la fondazione teorica è illusoria.

Insomma il ragionamento si riduce a un procedimento di questo genere: per dar certezza a una valutazione morale è necessaria una certa fondazione teorica; ciò importa che, o non si debba trovare quella certezza senza questa fondazione, o che se si trova, essa sia una certezza erronea, una certezza irragionevole illogica, una certezza che non ci dovrebbe essere. "Tu qui! Ma è impossibile!" dice la metafisica alla morale quando la vede in casa dell'empirista; e il medesimo rimbecca l'empirista alla morale del metafisico.

Ed ambedue hanno torto, perché dove la morale si trova, ella è in casa sua anche quando paia a chi dimora con lei di averla ospite

Neppure vale a toglier peso al fatto l'osservazione che questa possibilità di coesistenza indifferente è soltanto apparente, perché dovuta a difetto di riflessione e di rigore logico; e sia inattendibile, perché dove si avvera, manca la competenza richiesta. Un libriccino pubblicato dal LALANDE alcuni anni fa (Précis raisonné de Morale pratique, Alcarn, 1907) si distingue dai molti consimili nostrani e di fuori (qui non occorre accennare ad altri pregi) per questa circostanza caratteristica: che il catechismo morale che vi è esposto e spiegato era stato sottoposto all'esame e aveva raccolto il consenso esplicito dei più noti e autorevoli moralisti di credenze e di opinioni filosofiche diversissime. La testimonianza dei "competenti" veniva in questa occasione a confermare quello che è un luogo comune della storia delle dottrine e della pratica morale: che sul valore e sul contenuto delle norme morali siamo tutti d'accordo, perché tutti siamo d'accordo, quanto all'essenziale, nel giudicare la nostra condotta o l'altrui: Tutti "quali che siano le convinzioni filosofiche e religiose ed anche se non abbiamo in proposito convinzioni di sorta" (VARISCO, Massimi e problemi, Nota VI: Metafisica e morale. E il Varisco, come è noto, è persuaso che una vera morale implichi una Metafisica "definitiva ". Quanto all'accordo sul "contenuto" forse, come si vedrà in seguito, pare più largo di quel che in realtà non sia. Ma qui si tratta del valore. Quanto poi alla "Metafisica. definitiva" si chiede: a che stregua si giudicherà la metafisica adatta a fondare la morale? Non si ammette già che il criterio sarà fornito dall'accordo con la "vera morale" e cioè, dunque, che la vera morale è già data prima e fuori della Metafisica?
In casa propria.

Ma se questa fondazione extra-morale della morale è illusoria, donde nasce l'illusione e di che si alimenta?

Quando il sociologo afferma che le norme morali esprimono le esigenze della vita sociale e si fondano sulle leggi della sociologia, ciò che si tratta di vedere non è già se veramente le norme morali corrispondono o no a tali esigenze e soltanto a quelle; né quali siano, tra le innumerevoli "leggi" scoperte e che si vanno scoprendo, quelle nelle quali la morale trova il suo fondamento; ma si tratta di vedere se dalla sociologia si possa ricavare il valore della società, dalle leggi della vita il valore della vita, dal processo di formazione e di incremento della civiltà il valore della civiltà, in una parola, dai rapporti condizionali il valore del condizionato.

Ora una scienza, qualunque scienza, formula dei rapporti, non dà valori; i rapporti possono bensì far attribuire un pregio a qualchecosa, se stabiliscono la dipendenza condizionale e causale di un valore da ciò che, appunto per tale connessione, diventa a sua volta un valore mediato; ma il proton axion deve essere già dato, posto, riconosciuto come valore, perché sia possibile qualsiasi giudizio assiologico su ciò che ha relazione con esso.

Tutte le più complicate e più delicate meraviglie della vita non bastano a darle il benché minimo pregio se non si riconosce già come bene o la vita stessa o almeno alcuni dei fini ai quali può esser volta: anzi non sono "meraviglie" se non perché si illuminano di questo valore finale.

Che la civiltà e la cultura siano da preferire alla barbarie e all'incultura sembra dimostrabile; ed è infatti; ma quando sia ammesso o sottinteso - come accade in effetto - che abbiano più di pregio o di dignità o di desiderabilità certe facoltà e attività e forme di condotta che certe altre, cioè quando sia già posto e accettato un criterio di valutazione.

Pare a prima vista una pedanteria. - Non si riconosce infatti da tutti che la vita valga la pena di essere vissuta? e anche quelli che la negano a parole, non sentono nell'istinto profondo smentire la loro negazione?

Ammettiamo senza discutere, sebbene la cosa non sia così liquida come pare, l'universalità del consenso od almeno dell'istinto. Si tratta qui di vedere se questo apprezzamento della società e della vita, questo riconoscimento di valore è posto, è dato dalla scienza; se questa voce dell'istinto, questa volontà di vivere abbia o no l'autorità che le si attribuisce o suppone. Cioè si tratta di sapere, insomma, se chi vedesse nella società e nei suoi frutti un groviglio di miserie e di vergogne possa trovar mai nella sociologia la confutazione del suo giudizio; e se a chi trovasse la vita un limbo indifferente possano le leggi della biologia farla apparire desiderabile; e se sia la conoscenza della sociologia o della biologia o della psicologia che darebbe voce all'istinto se fosse muto, e autorità, se non ne avesse, alla sua voce

Neanche è da credere che tutto si riduca a questo salto; e che superato il passaggio incolmabile dall'effetto al fine e dalla conoscenza al valore, fatto proprio dalla scienza il presupposto iniziale di valutazione che essa non può dare, ogni difficoltà di questo genere sia allontanata.

Per interpretare le leggi naturali come leggi morali bisogna scegliere tra le leggi necessarie e le condizioni utili a una forma di vita e le leggi e condizioni utili a una forma diversa. Ad ogni nuovo passo, ad ogni bivio si sostituisce alla conoscenza obbiettiva la valutazione, si rende necessaria una scelta; e la valutazione se anche non è espressa, e sottintesa.

Caratteristica, a questo proposito è la affermazione del Levy-Bruhl che " la conquista metodica della realtà", cioè "un'arte razionale fondata sulla scienza della realtà sociale" deve prendere il posto della "concezione immaginaria di un ideale" (La Morale et la Scienze des moeurs, Cap. V).

Questa "conquista metodica" della realtà sarà pur guidata, - e non può essere altrimenti - se non da un ideale, ché ogni ideale è soppresso, dall'idea di qualche cosa che si pone come più desideratile o migliore. Ma quale è il criterio di questo meglio? di quella amélioration che, come dice poche righe più sotto delle parole citate, non bisogna disperare di portarvi? Questo criterio non può essere il reale stesso che bisogna modificare e migliorare; sarà dunque, di nuovo, in ideale o qualche cosa che lo sostituisce. "L'ombra sua torna ch'era dipartita".

Quel che non può dare una conoscenza empirica non può dare una conoscenza metafisica, se non a patto di intendere già per conoscenza metafisica la conoscenza non di una realtà "intelligibile" e in quanto è intelligibile, ma di una realtà già apprezzata o apprezzabile; non la conoscenza di enti ma la conoscenza di valori.

Quando il Rosmini si sforza con grande vigore di dimostrare che la conoscenza dell'essere è conoscenza del grado di entità, e quindi del grado di perfezione delle cose, e che perciò la stima speculativa (la conoscenza del grado di perfezione) può e deve diventare modello e norma della stima pratica (l'assenso del nostro volere), egli assume già nel concetto dell'essere quello di bene, nel concetto di realtà quello di perfezione, cioè di valore; e non deriva il secondo termine dal primo se non perché lo ha surrettiziamente già identificato con esso. La sua "stima speculativa" in quanto è stima, cioè apprezzamento e valutazione, è già pratica, perché non ha luogo se non in rapporto alle "potenze pratiche"; in quanto è speculativa cioè conoscenza obbiettiva, intellezione della realtà, non implica nessun apprezzamento.

Insomma, in quanto è stima non è speculativa, in quanto è speculativa non è stima.

La cosa appare anche più manifesta se si bada che l'essere non può servire di criterio alla stima se non perché si ammette un ordine, una gradazione di enti, e quindi di realtà. Ma la realtà, in quanto esistenza, non ha gradi; ciò che si può graduare è il pregio o il valore (in qualunque entità esso sia riconosciuto), non l'esistenza delle cose; e la realtà è graduata perché sono graduati pregi, o i beni, o i valori che essa ci presenta realizzati.

Che i due termini siano diversi e l'uno non deducibile dall'altro appare manifesto dalla necessità di assumere, secondo la profonda e costante tendenza del platonismo, il concetto di perfezione come sintesi dei due concetti del reale e del bene, o con espressioni più moderne, dell'esistenza e del valore.

Ora la perfezione non si può intendere se non in relazione con un modello, con un disegno attuato o da attuarsi, con una finalità; e la finalità implica una valutazione, cioè una scelta, cioè una volontà.

Ed eccoci alla sorgente unica e comune della impossibilità di derivare un criterio di morale dalla realtà obbiettiva, empirica o metempirica, da qualsiasi dato o legge o induzione o verità teoretica, sia scientifica, sia metafisica.

Una realtà data o possibile non può dare un criterio di valutazione se non la si considera come una finalità, ossia se non le si riconosce un valore. E il giudizio con il quale si afferma il valore di un oggetto è diverso e non deducibile dal giudizio col quale ne affermiamo l'esistenza o la possibilità o la connessione modale o condizionale con altri oggetti. Apprendere come le cose sono, è tutt'altra cosa dal valutarle

Il pragmatismo, anche per chi è pragmatista, qui non ha nulla da vedere. Può essere verissimo che anche la nostra conoscenza sia stimolata, sorretta, guidata, controllata da un interesse (l'interesse teorico) e come tale sia, anzi è senz'altro, un valore (intellettuale): ma ciò non muta d'un ette la distinzione notata.

Senza volontà di conoscere non ci sarebbe conoscenza; sta benissimo, o almeno possiamo qui lasciar di discutere; ma la conoscenza è volontà di conoscere le cose come sono cioè come appaiono a chi non è mosso da altro interesse che quello del conoscere; e il valutare è giudicare le cose così conosciute (cioè costruite in conformità all'interesse teorico) rispetto a finalità distinte da quelle del conoscere, cioè a interessi di altro genere, edonistico, estetico, morale, e via dicendo.

Altro è dire che in Engadina fa fresco e altro dire che amano il fresco quei che vi passano l'estate.

Ora la conoscenza, o è teoretica, e ci dà oggetti e fatti e rapporti di oggetti e di fatti come sono, cioè come dobbiamo concepirli per comprenderli; o li interpreta e li giudica come utili o nocivi, buoni o cattivi, preferibili o non preferibili, superiori o inferiori, e non è più conoscenza, o almeno non più conoscenza soltanto; e il criterio del buono e del cattivo, dell'utile e del disutile, del bello e del brutto è criterio di preferenza, di scelta, di valutazione che essa non trova nelle cose se non perché ve l'ha già posto, e ponendovelo ha ubbidito, consciamente o no, a un interesse che non è teorico, ma è pratico nel senso che può restare a questa parola anche dopo le analisi del pragmatismo: pratico nel senso che, se si suppone tolta la volontà, è tolta non soltanto la molla che spinge a ricercare e a trovare le distinzioni tra gli oggetti, ma sparisce la distinzione stessa tra gli oggetti.

Ora, quando si intenda chiaramente e in tutta la sua portata questa irreducibilità dei giudizi di valore ai giudizi di esistenza o causali o teoretici (o percettivi, come mi parrebbe preferibile chiamarli), e la conseguente impossibilità di ricavare gli uni dagli altri, di pretendere che un giudizio di ciò che è, possa servir di fondamento a un giudizio di ciò che vale o che merita di essere, apparirà più manifesta la insolubilità della questione del fondamento intesa in questo senso e cercata in questa direzione, e le ragioni di questa insolubilità.

E con ciò si chiarisce anche l'inanità della controversia accennata fra metafisica e scienza e se ne spiega nello stesso tempo l'insistenza.

In breve (e trascurando le inevitabili inesattezze delle formule riassuntive): La realtà si può interpretare come sistema di forze e come sistema di valori.

Se si interpreta come sistema di forze se ne fa una costruzione puramente intelligibile, conoscitiva, anassiologica, estranea ad ogni moralità perché estranea ad ogni valutazione; sia essa costruzione scientifica, sia metafisica, empirica o a priori, monistica, dualistica o pluralistica.

Se queste forze si giudicano cioè si valutano, cioè si vede o si pone in esse, o operante per esse, un ordine, o un conflitto, o un processo di attuazione di fini, allora la conoscenza della realtà diventa conoscenza dei valori, e i fini della natura o della Provvidenza diventano il modello o il criterio del giudicare morale; e il fondamento della morale si troverà nella conoscenza di questa realtà; si consideri essa come scienza o come metafisica.

Ma perché quelle forze siano apprezzate come valori occorre che siano dati i valori a cui si ragguagliano tali forze; e perché i fini della natura siano i fini di una Provvidenza è necessario che il processo della natura sia riferito ad uno scopo il cui valore di bontà è già dato e riconosciuto. Così il criterio della valutazione non si ricava dalla conoscenza della realtà se non perché la realtà era già stata valutata secondo il principio che si pretende di ricavarne; e non si trova in essa il fondamento della morale se non perché la coscienza morale ha spirato nell'intimo della realtà quell'anima di bene che crede di estrarne come suo principio e fondamento.

Ed è anche facile comprendere perché gli assertori della fondazione metafisica si sentissero meglio armati alla difesa e più vivaci nell'attacco.

La scienza interdicendosi - nel programma se non nell'attuazione - ogni interpretazione finalistica, e quindi ogni valutazione della realtà, si trovava più manifestamente a disagio quando pretendeva di derivare dai suoi rapporti obbiettivi un criterio, che ne aveva deliberatamente escluso. E quando voleva trovare nelle leggi un valore morale troppo facilmente rendeva palese la propria incoerenza. Perciò volgeva i suoi sforzi a considerare e a spiegare la moralità come un prodotto naturale o un risultato meccanico di un giuoco di forze per sé spoglio ai ogni finalità. Onde la tendenza costante dell'"etica scientifica" a identificare il problema nel fondamento col problema dell'origine, la valutazione con la spiegazione; e a considerare una reale o pretesa naturalità come criterio di moralità.

E la metafisica poteva tanto più trionfalmente mettere in chiaro l'equivoco, e dimostrare l'impotenza assiologica della scienza quanto più sentiva non solo non estranea, ma legittima, ma implicita nella propria costruzione della realtà, una interpretazione teleologica; ed era avvezza a considerare la morale come sua pupilla perché... ne amministrava il patrimonio.

Ma se il problema della fondazione teorica, nella forma classica, e, direi (nel senso più bello della parola), ingenua, di derivazione dei valori da una realtà, è insolubile, perché o urta contro una radicale irreducibilità, o si riduce a una petizione di principio, essa non sparisce se non per lasciar scoperto dietro di sé il problema che nascondeva o adombrava, e nel quale attraverso Kant si è venuto via via trasfigurando.

Non si tratta più di trovare nella conoscenza della realtà la prova che le nostre valutazioni sono "vere", poiché le valutazioni sono, come espressioni di una esperienza interiore sui generis, valide per sé; ma di sapere se su questi dati valutativi si può costruire una conoscenza oggettiva; se i valori morali siano prova dell'esistenza di certe condizioni e di quali; se sia possibile, non trovare nella realtà il fondamento del valore, ma trovare nel valore il fondamento della realtà. Il problema si aggira sempre in ultimo attorno al medesimo dubbio: se il mondo, la natura, la vita abbiano un significato morale, se l'anima dell'universo guardi al medesimo fine che la coscienza morale; se gli sforzi della volontà buona siano fecondi di frutti durevoli o siano un lavoro di Sisifo, che ogni coscienza riprende faticosamente per lasciare che ciascun'altra rifaccia, destinato in ultimo a cadere pur esso nel nulla, uno sforzo più grande.

Ma l'atteggiamento è diverso. L'ontologismo metafisico subordinava, almeno nella riflessione consapevole e nella costruzione logica, il giudizio di valore al giudizio di realtà.

Nella filosofia dei valori il giudizio di realtà è subordinato, anche nel processo riflessivo e costruttivo, al giudizio di valore.

Il momento che nell'intellettualismo ontologico era nascosto e inconsapevole, quello della assunzione tacita del concetto di valore nel concetto di realtà, nella filosofia dei valori diventa chiaro e consapevole e si allarga nel tentativo di tradurre il passaggio psicologico in processo discorsivo e di fondare un sistema di verità teoretiche su quella certezza che veramente era ed è il dato iniziale, l'ubi consistam di ogni costruzione etica, sia scientifica o metafisica, progressiva o regressiva, ascendente o discendente: la certezza diretta e intuitiva dei valori morali.

Capitolo terzo
IL FONDAMENTO CERCATO IN UNA GIUSTIFICAZIONE FINALE

Illusione poco meno antica accompagnata da sforzi parimenti tenaci, e forse più multiformi di tradurla in dottrina rigorosa, è quella di credere che si possa ricavare la valutazione morale da qualche bene indiscutibilmente supremo, del quale essa esprima le esigenze e formuli le condizioni necessarie.

Questo sommo bene, questo fine supremo, questo valore, sorgente prima, termine ultimo di tutti i valori si credette di trovare; o in un dato della coscienza empirica, un fine inerente alla vita e subordinante di fatto tutte le tendenze, aspirazioni e attività dell'uomo; o in un fine che domina bensì, ma trascende la vita e la natura umana, e subordina di diritto ogni altra forma di bene e ogni criterio di valutazione.

Alle due diverse concezioni del fine rispondono due tipi principali di dottrine morali, dei quali è facile rilevare la corrispondenza coi due tipi di dottrine sulla fondazione di cui si è detto nel capitolo precedente. Ma la corrispondenza non è coincidenza. Là l'origine dell'illusione era nella pretesa di derivare la valutazione morale da una realtà la cui conoscenza si impone all'intelletto; qui di derivarla da fin bene il cui valore è ammesso, o si suppone che debba essere ammesso incontestabilmente come supremo o massimo, o almeno superiore ad ogni altro.

Ora l'illusorietà della pretesa consiste in ciò: che il valore morale non è morale se non a patto che se ne riconosca, o, meglio, se, ne senta la superiorità, la preminenza su ogni altro valore; il suo essere morale consiste (con ciò non si escludono gli altri caratteri) in questa sua supremazia.

Perciò ogni tentativo di assegnare un bene supremo che lo giustifichi, si riduce all'uno od all'altro termine di questa alternativa: o di ammettere che questo bene è già esso stesso il valore morale che si crede di derivarne, o di mostrare che ciò a cui si dà valore morale, è valore anche per altri rispetti; cioè sarebbe un valore (di altro genere) anche se non fosse valore morale.

I tentativi che si raccolgono intorno al primo tipo (fine: la felicità, o il piacere) riescono di solito (quando e nella misura che possono) a quest'ultimo risultato; quelli del secondo tipo (fine: il possesso del divino, l'avvicinamento a Dio, la santità) riescono di solito al primo: a presupporre quel che credono di derivare.

Dell'utilitarismo in generale e delle sue diverse forme sarebbe fastidioso, e non è qui necessario, ripetere per la centesima volta le critiche note.

Basta mettere in chiaro quel che meno fu notato e che più importa al nostro scopo: cioè non tanto le lacune, le insufficienze e le incongruenze dei tentativi, ingegnosi assai più che fortunati, di ricondurre le norme morali al criterio dell'utilità, e di mostrare le coincidenze tra il contenuto delle norme morali e il contenuto delle regole utilitarie, quanto la ragione per la quale la derivazione è impossibile; o, quando appare possibile, dissimula in realtà una petizione di principio. Supponiamo pure che si ammettano cose troppo manifestamente arbitrarie: che la felicità sia non un nome vago, un recipiente vuoto nel quale ciascuno versa il liquido preferito (e che non è sempre neppure per la stessa persona il medesimo) ma abbia un contenuto determinato (poniamo l'acquisto o il possesso di certi beni: salute, amore, potenza, gloria, simpatia, cultura, ingegno, soddisfazione della propria coscienza; e che tra questi beni sia possibile perfetta conciliazione ed armonia); e che si possa dimostrare davvero, e non per salti o per ripieghi, che il nodo non pure più sicuro, ma il solo veramente sicuro e indispensabile per raggiungerla, sia l'osservanza costante delle norme morali.

Con ciò non si sarebbe dimostrato che ciò che fa il valore morale delle norme consiste nella loro utilità come guida della felicità; ma soltanto che i valori morali sono anche valori eudemonologici; che il contenuto della valutazione morale e quello della valutazione utilitaria coincidono; non mai che il valor morale di un'azione consista nel suo esser mezzo alla felicità.

Resta fuor di questione (s'intende e deve esser quasi superfluo avvertirlo) la considerazione dell'efficacia pratica o esecutiva; se sia o no più persuasiva o più impulsiva l'una o l'altra valutazione. Si può anche ammettere, senza soverchio sforzo immaginativo, che sia per lo più la edonistica; ma ciò non prova affatto che questa si confonda o si identifichi con la valutazione morale, o valga a sostituirla.

Dimostrare a un giudice che il dar sentenze imparziali è il modo più sicuro di far carriera, potrebbe essere, in ipotesi, un mezzo efficace a promuovere l'imparzialità. Ma nessuno sognerà di far consistere l'onestà del giudice nel suo desiderio di far carriera.

Ma in realtà, come tutti sanno, il contenuto della felicità non è determinato, né determinabile se non ad arbitrio

 Ne ho parlato altrove (La dottrina delle due etiche di H. Spencer e la morale come scienza, pp. e 120-121) e non occorre insistervi qui.
;il solo significato comune e costante del termine finisce per essere quello di appagamento dei desideri, di soddisfazione, di piacere, o di liberazione dal dolore, che si pensa doversi trovare nel raggiungimento di ogni fine.

E la diversità persiste e risorge nella molteplicità varia e contrastante dei desideri e dei piaceri, e non basta raccoglierli sotto uno stesso nome per ridurli a unità e farne un unico fine.

Perché se l'unità ci deve essere davvero, allora è necessaria o una riduzione o una gradazione e subordinazione; e questa spunta infatti nella storia dell'utilitarismo con il criterio della qualità sovrapposto e in effetto sostituito dal Mill a quello della quantità.

E allora si capisce come possa avvenire che il criterio della felicità finisca per accordarsi con quello della valutazione morale; se le soddisfazioni migliori sono le soddisfazioni morali, e il bene più desiderabile l'appagamento della coscienza morale, l'accordo tra i due criteri quanto al contenuto è, non solo possibile, ma necessario. Ma è troppo facile vedere a quale patto è raggiunto. Il valore di quella felicità alla cui stregua si pretende di giudicare, il valore morale è assunto come supremo perché e in quanto contiene questo valore morale ed è graduato esso stesso secondo un criterio morale; approva e disapprova in nome della felicità quel che trova approvato e disapprovato in nome della coscienza morale.

Viene in mente il modo, col quale un marito sincero si vantava di aver risolto il problema di una pace coniugale perfetta: dove marito e moglie erano dello stesso avviso era la moglie che seguiva il parere del marito, dove erano di avviso contrario era il marito che faceva la volontà della moglie.

Adunque, anche ridotta a questa forma, la felicità non fornisce il criterio della valutazione morale se non in quanto è foggiata essa stessa su un criterio morale; e quel che pretende di aggiungervi come giustificazione, non è ciò che costituisce il valore morale, ma è qualchecosa di distinto, di sopraggiunto ad esso (giusta la veduta di Aristotele) sebbene lo accompagni; è una valutazione secondaria, edonistica od egotistica (non oserei dire egoistica) del valore morale

Sebbene il parlare della soddisfazione della propria coscienza come di un bene del desiderabilissimo sia legittimo, non è legittimo, né conforme alla verità psicologica, considerarlo come il fine della condotta morale.

Il fine è l'attuazione di quel valore che la coscienza riconosce come morale; e non è l'altezza della soddisfazione che se ne possa attendere, che costituisce il pregio dell'azione, ma è il pregio dell'azione che misura l'altezza della soddisfazione; la quale è pura soltanto a patto che non se ne faccia lo scopo dell'operare.

Porre come bene supremo la santità (il divino in quanto è sentito e voluto come modello o norma della vita si determina in un ideale di santità) è derivare il valore morale dal valore religioso, concepito come principio e termine di ogni valore, e del quale esso valor morale è un elemento; o meglio, l'attuazione di questo è voluta come una condizione, o un momento dell'attuazione, di quello.

E qui giova premettere due osservazioni non peregrine ma utili alla chiarezza:

1° Che questo valore supremo del divino, della santità e, in termini più generali, il valore religioso non può essere dimostrato o insegnato con lo stesso processo conoscitivo, con il quale si dimostrano, si insegnano e si comunicano delle proposizioni o verità teoretiche, e, in quel che han di contenuto teoretico, i dogmi stessi delle dottrine religiose. Questo valore è sentito, è, come si dice con frase più suggestiva che chiara, vissuto dalla coscienza; e quanto è sicuro ed efficace l'appello ad esso, dove è vivo, altrettanto è vano dove non vive. Fondare la valutazione morale sui valori religiosi è dunque presupporre che siano sentiti e vissuti nella loro forma e natura specifica quei valori religiosi da cui si fanno sgorgare i morali. Ma dove essi valori religiosi non siano sentiti e vissuti, nessuna dottrina teologica e nessun catechismo può crearli

È appena superfluo aggiungere che non penso neppur per sogno di negare una possibile efficacia all'insegnamento religioso in quanto esso, come ogni insegnamento, non è mai (salvo forse agli occhi di chi lo misura col tassametro) pura comunicazione di notizie o di idee, ma è vigore di convinzione, calore di affetti, opera di formazione; insomma, educazione. Ma anche l'educazione suppone le condizioni dell'educabilità.

E si suppone poi sempre che chi legge faccia uso del consueto grano di sale.
o sostituirli.

2° Che, per converso, nessuno sforzo d'analisi e nessun ragionamento basta a spogliare, nell'anima di un mistico, i valori morali da quel sentimento del divino, a svestirli di quell'alone religioso del quale egli investe non solo questi ma anche gli altri valori spirituali; come sarebbe difficile nella intuizione e nel sentimento di un esteta di sottrarre i valori morali e i valori religiosi a una valutazione estetica. Come accade sempre dove un grande interesse spirituale predomina sugli altri, cioè dove una categoria di valori occupa, per dir così, il centro della coscienza, e raccoglie ad unità, come attorno ad un nucleo, i valori di altre specie; che è quel che suole più comunemente e normalmente avvenire per i valori morali,.

Ma fatta (come dicono i legali) questa riserva, bisogna riconoscere che nessuna valutazione morale si potrebbe ricavare da qualsivoglia valore religioso, se non vi sia già esplicitamente o implicitamente contenuta; cioè se non a patto che si sia incorporata nel valore religioso una valutazione morale la cui validità sussiste o sussisterebbe anche all'infuori di quello; ed è la ragione per la quale viene assunta nel valore religioso.

Non è necessario, a persuadersene, di discutere il problema formidabile della essenza del valore religioso. Se si accetta l'opinione del Ho5ffding che il nucleo essenziale della religione è la credenza nella conservazione dei valori, e, s'intende bene, soprattutto dei valori morali, la indipendenza e la priorità di questi sono, re ipsa, riconosciute.

In effetto quali si possano essere le reazioni di tale credenza sulle valutazioni, resta pur sempre che non è l'esigenza della conservazione quella che dà ai valori la loro qualità di morali, ma il loro esser sentiti, il loro valere come morali che ne fa postulare la conservazione. Di che ho già detto altrove , e non occorre del resto insistervi.

Se invece si ammette, come io credo, che la natura specifica, la "forma" del valore religioso non sia riducibile a quella credenza, e che sia essenziale e caratteristico del sentimento e della valutazione religiosa il riferimento del nostro pensare, del nostro sentire e del nostro fare, anzi di tutto il nostro essere, ad un altro essere; sommità dell'aspirazione religiosa l'esserne penetrati e posseduti; e misura del valore religioso, la devozione ad esso, l'abbandono di sé alla volontà che ne realizza le perfezioni; allora il valore religioso è per sé altra cosa del valore morale; ma, se non si risolve in questo, neppure lo pone, ma se lo appropria ed incorpora. E se può sembrare all'anima religiosa che esso sgorghi da questa idealità e se ne alimenti, la ragione sta in ciò, come si è accennato: che al mistico riesce impossibile di concepire altrimenti che perfetto, cioè perfetto anzitutto e soprattutto moralmente, l'Essere che adora, e nel quale vede non un bene, ma ogni bene, il Bene.

Ma la perfezione che vede in lui, a quale stregua è giudicata tale? L'ideale che trova realizzato in quello non è foggiato secondo un criterio di valutazione morale la cui validità è accettata e riconosciuta all'infuori dell'atteggiamento religioso della devozione a Dio? Anzi non è quella perfezione morale che lo fa degno di adorazione?

Un mistico a cui si domandasse se concepisce Dio perfetto perché lo adora o se lo adora perché è perfetto, forse non saprebbe rispondere, e troverebbe che la domanda scompone quel che è per lui uno e indissolubile. Ma ciò non toglie che la devozione e la adorazione non costituiscano per sé i pregi e le doti di ciò che è adorato; e nessuna coscienza potrebbe trovare in Dio i valori morali se non li conoscesse già come valori, e non li distinguesse come morali dai valori di altro genere.

Questa priorità e questa indipendenza, questo sussistere per sé, questa selbständigkeit della valutazione morale, appare confermata dalle discussioni sul valore delle religioni, il cui termine di confronto più consueto e più decisivo è dato dal rispettivo contenuto morale. Il che implica manifestamente che questo contenuto possa esser giudicato e apprezzato per sé. E il prevalere sempre più largo delle preoccupazioni morali nelle controversie di indole religiosa (per esempio la lotta intorno al modernismo) mostra che la validità del criterio morale è tenuta come certa di una certezza che è data e riconosciuta indipendentemente da ogni valutazione religiosa.

Quanto all'affermazione che la morale non può reggersi senza religione, essa, sebbene ambigua nella forma, non significa affatto, come è facile capire, che non sia possibile sentire e giudicare ciò, che è giusto o ingiusto, buono o cattivo se non con un criterio e da un punto di vista religioso; vuol dire invece che non è o non si crede possibile una moralità salda e costante, cioè una sicura conformità della condotta alle valutazioni morali, se la valutazione morale non è sorretta, confortata, fatta praticamente efficace dalla connessione dei valori morali con una finalità religiosa; cioè dal considerare i valori morali come preparazione e condizione necessaria di quel fine; e quindi i precetti morali come precetti religiosi.

Che è tutt'altra cosa; importantissima dal punto di vista propriamente pratico o esecutivo, ma estranea alla questione presente e da trattarsi a parte, analogamente a quel che si è accennato sopra della possibile importanza pratica di una valutazione edonistica.

Dire che l'olmo sorregge la vite, non è dire che la vite sia una propaggine dell'olmo, e neppure che sia l'olmo che porta l'uva; sebbene sia anche vero che, dove la vite non si regge da sé, non dovrebbe parer savio tagliar l'olmo anche a chi ami soltanto la vite.

Quel che si è detto dei tentativi di una fondazione edonistica e di una fondazione religiosa si potrebbe ripetere di ogni altro tipo di morale di cui si pretenda di trovare il fondamento in un interesse diverso dall'interesse propriamente e specificamente etico (notevolissima fra le altre la morale estetica), e dalle forme miste e intermedie; le quali, se sono dottrinalmente fiacche e spesso incoerenti, hanno però in realtà largo consenso nelle credenze e nelle opinioni più comuni.

Di queste ultime meritano di essere ricordate, perché più significative, le due forme, nelle quali si mescolano e si sovrappongono i due tipi di valutazione qui sopra brevemente analizzati, la edonistica e la religiosa; che sembrano a prima vista i più lontani e l'uno all'altro opposti.

Si può avere così una interpretazione edonistica della valutazione religiosa (esempio l'utilitarismo teologico) e un'interpretazione religiosa della valutazione utilitaria (altruismo comtiano, misticismo umanitario).

Da quanto si è discorso pare si debba concludere che queste indagini (spesso nei particolari ingegnosissime e suggestive) nelle quali si cerca la ragione del valore morale nella sua connessione o congruenza con altri valori, abbiano importanza solamente nel rispetto strettamente pratico o esecutivo; in altre parole una importanza parenetica o pedagogica, in quanto una tale connessione conforta, sorregge o surroga con motivi di altra natura e sgorganti da interessi diversi il motivo specificamente morale. Sarebbero dunque analisi ed indagini preziose per l'educatore e per l'uomo politico (dato che si propongano fini morali), ma senza interesse per lo scopo a cui mirano, di costituire il fondamento o la giustificazione dei valori morali, perché radicalmente viziate dal falso supposto che la ragione della supremazia dei valori morali si possa cercare in qualchecosa che non abbia già essa per sé valore morale.

Ma questa conclusione sarebbe precipitata e eccessiva. Intanto è fuor di questione che, nonostante il carattere di artificiosità che si trova più o meno largamente diffuso nelle costruzioni di questo genere, come nei sonetti a rime obbligate, vi è in tutte una parte notevole di verità; verità s'intende non in quel che credono di dimostrare, ma nei rapporti e nelle concordanze e nelle differenze rilevate, e che dovrebbero servire alla dimostrazione.

Questa parte di verità ha radice nel fatto, troppo noto e troppo chiaro perché ci sia bisogno di illustrarlo, e già sottinteso a più riprese in questo capitolo, che non vi è giudizio sul valore morale di un oggetto, qualità, tendenza, azione, del quale non si possa trovare la ragione, oltreché nella forma speciale di interesse o di esigenza che gli dà questo carattere specifico di valore morale, anche in un interesse diretto o indiretto d'altra natura: non vi è bene morale che non sia bene anche per altri rispetti; come d'altra parte non vi è bene di altro genere che non sia o non possa diventare, direttamente o indirettamente, un bene morale.

I valori delle diverse specie si connettono, si intrecciano e si complicano fra loro in mille guise. È bensì vero che ciò che fa esser morale un valore (e analogamente si potrebbe dire dei valori di ogni altra specie) non è, come s'è visto, il suo coincidere o il suo essere connesso sia pure per un rapporto di condizionalità costante, con un valore - per quanto grande - di altro genere, o anche con più altri ordini di valori o con tutti; ed è perciò che nessuna sottigliezza di logica può estrarre un valore morale se non di là dove esso si sia già posto o insinuato; e che credere di poter trovare un valore morale tra valori che non siano già morali è fare a un dipresso come chi vada frugando fra le idee degli altri con la speranza di trovarvi le proprie.

Ma è pur vero che sussistono altri valori, e sussistono le relazioni fra i valori; e ciò che è oggetto di valutazione morale, poniamo la sincerità, può essere apprezzato dal punto di vista dell'interesse conoscitivo od artistico o economico; e, per converso, ciò che è oggetto di valutazione edonistica o estetica o d'altro genere, la ricchezza, l'arte, la dottrina, può essere valutato anche come bene di ordine morale.

Ora: È possibile una conciliazione dei valori morali con gli altri valori e di questi fra di loro? E se non è possibile, quale è il criterio della loro graduazione e subordinazione?

Vi è, per rispetto alla natura delle relazioni o connessioni tra valori di diversa specie, qualche differenza caratteristica che distingue i valori morali dai valori non morali anche per il contenuto?

E vi è, segnata ancora dalla sfera delle relazioni condizionali o strumentali con valori di altro genere, una differenza che distingue, rispetto al contenuto, gli stessi valori morali fra di loro?

E non potrebbe questa considerazione giovare a intendere le incoerenze e i contrasti tra valutazioni diverse e anche opposte, che pure si presentano col medesimo carattere di valutazioni morali?

Così, dietro i tentativi illusori di cercare fuori e al di là dei valori morali il fondamento della valutazione morale e la ragione decisiva che ne giustifichi la supremazia, restano i problemi: della valutazione indiretta o rivalutazione condizionale o strumentale, di una graduazione delle diverse categorie di valori; e della possibilità della loro conciliazione. Della quale, la conciliazione tra virtù e felicità non è che un aspetto particolare, e forse non il più importante.

Capitolo quarto
IL FONDAMENTO CERCATO NELL'AUTORITÀ

Il carattere di autorevolezza col quale si presenta alla coscienza il giudizio morale, che noi approviamo bensì come nostro, ma che ci pare nello stesso tempo sgorgare da una sorgente più alta o più profonda, e quello di precetto imperativo nel quale si traduce, tendono a far derivare questi caratteri, e, quando siano considerati essenziali della moralità, lo stesso giudizio morale, da un'autorità distinta dalla coscienza, e che, pur rivelandosi in essa, la trascende e la supera.

Il fondamento di questa autorità fu riposto o nel processo stesso di formazione, consapevole o inconsapevole, delle idee e dei sentimenti morali che danno contenuto alla valutazione; o in un volere superiore e distinto dal volere individuale, al quale si riconosce potestà imperativa e alla cui scelta o decisione si riconduce in ultimo il criterio della valutazione morale.

L'autorità delle valutazioni morali avrebbe dunque in ultimo, come ogni altra minore autorità politica o sociale, il suo fondamento e la sua legittimazione o nei titoli di una sua nobiltà storica, o nella volontà di un potere sovrano.a) Della storia.

L'appello alla storia può assumere, assunse in effetto, forma e apparato e significazione diversi, secondoché si credette di fondare l'autorità della valutazione in un processo genetico di evoluzione selettiva operante attraverso l'esperienza organizzata della specie; o in un processo storico di svolgimento e di elevazione progressiva dei costumi, della cultura, degli istituti e delle idealità etiche nei popoli civili; o nella elaborazione logica di un pensiero riflesso rintracciato nella successione storica delle dottrine e dei sistemi.

La prima delle forme accennate che si connette alla dottrina dell'evoluzione e che culmina nella tesi di un progressivo adattamento dei bisogni, dei sentimenti, delle attività alle condizioni di una vita sociale sempre più elevata, più complessa e più armonica (lasciando ogni questione che non sarebbe oggi più neanche di buon gusto sulla consistenza scientifica della dottrine), si risolve in ultima analisi, come fondazione etica, nel postulare quella superiorità e quella autorità dei sentimenti e delle norme di condotta morali, che pretende di provare derivandola dal processo di selezione progressiva che ne ha costituito e consolidato la prevalenza nel corso dell'evoluzione.

Infatti il criterio, per il quale giudichiamo progressiva piuttosto che regressiva o indifferente l'evoluzione o la selezione delle idee e dei sentimenti, è un criterio di valutazione di cui si riconosce e si accetta la validità indipendentemente dal processo di cui sarebbe - nell'ipotesi - il prodotto; (e del quale processo, anzi, è esso stesso, questo prodotto, che ci fa riconoscere il valore).

Ed è troppo chiaro che non è perché il "progresso" del senso giuridico ha portato all'abolizione della tortura che noi condanniamo la tortura, ma è perché condanniamo la tortura che ravvisiamo nella sua abolizione un progresso etico nello svolgimento del diritto.

Ché se si obbietta derivare l'autorità delle norme morali dalla loro convenienza e corrispondenza alle forme di vita "superiore", ai tipi di relazioni "più elevati" dei quali esprimono le esigenze, si dimentica che all'infuori di un criterio - quale esso sia - di valutazione non vi sono forme superiori o inferiori, tipi derivati e tipi bassi. E un criterio di valutazione è, sempre, necessariamente, in modo esplicito o implicito, assunto o sottinteso.

Tanto ciò è vero, che il massimo rappresentante e sistematore dell'evoluzionismo, lo Spencer, fu condotto a sovrapporre, per giustificarlo - al criterio genetico dell'adattamento progressivo a un tipo di vita completa - il criterio edonistico di un piacere puro corrispondente all'adattamento completo.

Se a una selezione esteriore e meccanica, nella quale la coscienza è risultato e non attività, si sostituisce uno svolgimento interiore e psichico - nel quale la coscienza etica viene costruendo ed elaborando le sue valutazioni le sue norme le sue idealità sempre più alte e sempre più ampie nel passaggio da età ad età e da popoli a popoli in sfere di civiltà più larghe, e, sulla via che l'induzione storica rivela attraverso le soste, le deviazioni, gli oscuramenti e i ritorni apparenti, si scorge col Wundt la direzione ideale e si disegnano i fini, i motivi, le norme in cui la coscienza morale viene raccogliendo le sue conquiste - la concezione della formazione storica è senza dubbio più propria, più adeguata e più probabile; ma non è tolto il vizio d'origine, l'errore, direi di prospettiva, comune a ogni tentativo di fondamentazione storica dei valori morali. (E il medesimo sarebbe da dire per le altre specie di valori).

Lasciamo pure la vecchia calunnia (se bene le calunnie sogliono aggrapparsi a qualche uncino di verità) fatta alla storia:

Hic liber est in quo quaerit sua dogmata quisque; e neppure discutiamo della possibilità e dei limiti di una induzione legittima sui fatti storici; ciò che importa, e che basta notare, è che questa induzione, posto che fosse legittima, e non avesse già per filo conduttore e regolatore quella, direzione ideale che vi rintraccia ingegnosamente, non pone essa il valore delle conclusioni a cui giunge, non è essa che ci fa riconoscere la bontà, la elevatezza, la eccellenza morale delle idealità che segnano la meta.

Questa valutazione è irreducibile alla storicità; ed è anzi dalla storia - in quanto voglia essere giudizio comparativo di valori umani - sempre e inevitabilmente presupposta. Di che è prova il fatto che, mutato il criterio valutativo, sostituita all'una un'altra scala di valori, la prospettiva si rovescia; e Nietzsche vede una nefasta degenerazione dove il democratico e l'umanitario ravvisano l'indice sicuro di un felice progresso morale.

E se il criterio valutativo della coscienza si contrappone a quello che ha o sembra avere a un momento dato il conforto della storia, non vi è in questo nessuna ragione intrinseca di superiorità o di inferiorità dell'uno sull'altro dal punto di vista etico, che è quello che importa; anzi neppure dal punto di vista storico, perché quel conforto (quale esso sia) della storia, che oggi fa difetto al primo, non è escluso che lo assista domani.

La storia è conservazione e svolgimento, ma anche innovazione e opposizione; non è, diciamo pure, con termini hegeliani, una cosa se non perché è nello stesso tempo l'altra.

Se passiamo ora ad esaminare lo svolgimento storico nel pensiero riflesso, troviamo che il problema attorno al quale sembra disegnarsi meglio la continuità logica della speculazione morale nella successione dei sistemi, è, nella sua forma più generale, il seguente: Come dobbiamo concepire la realtà perché essa risponda alle esigenze delle nostre intuizioni morali; e se e come siano possibili le condizioni di una tale realtà. Lo svolgimento logico e dialettico delle dottrine riguarda soprattutto, se non esclusivamente, i problemi che nascono da questo problema centrale; le forme diverse sotto le quali si presentano; e il processo di sostituzione e di eliminazione e di superamento, per il quale i problemi antichi trapassano nei problemi nuovi.

Ma la sostanza delle intuizioni morali non è data, e non potrebbe essere, né da questo o quel sistema, né dalla successione fosse pur continua e rigorosamente coerente dei sistemi, che ne scopre e ne snoda le esigenze, e viene cercando una risposta alle domande che queste esigenze sollevano e presentano alla riflessione critica. In questo sforzo essenzialmente speculativo di sistemazione, e per dir così, di inquadramento delle intuizioni morali in una concezione unitaria della realtà che ne accolga le postulazioni, sarebbe fuor di luogo pretendere di trovare la ragione d'essere di quelle valutazioni, dalle quali la speculazione prende le mosse, e che ne ispirano e alimentano le indagini.

È bensì vero che a questo travaglio di costruzione speculativa si annoda e si intreccia l'analisi e l'indagine di indole propriamente etica, sulla natura dei diversi principi e criteri valutativi, che ne saggia la fecondità, ne svolge le conseguenze, mette in luce i rapporti di accordo e di contrasto tra le valutazioni morali attinenti a sfere di esperienza diverse, svela i legami spesso sottili e inattesi che stringono in gruppi di affinità alcune di queste intuizioni sia tra di loro, sia con valutazioni di altro genere, noetiche estetiche e religiose. Ma questa elaborazione che è pure di importanza capitale per rendersi conto della "rilevanza" e della portata dei criteri di valutazione e per tentarne la unificazione in una dottrina etica strettamente intesa (che è altra cosa da un sistema filosofico di etica), si svolge attorno a un contenuto valutativo, fornito dalla immediata esperienza morale; assume come validi per sé i giudizi apprezzativi che ne costituiscono gli elementi, i punti saldi di riferimento, i dati, alla cui validità è legata la consistenza della costruzione.

E vi può essere finalmente nei sistemi morali, e certamente si trova nei più grandi e significativi, un filone più o meno ricco di intuizioni morali nuove, che si aggiungono o sovrappongono o sostituiscono alle intuizioni date nell'esperienza della coscienza morale comune, e segnano la creazione di nuovi valori e aprono la visione di una regione morale inesplorata. È la parte che spetta al genio morale ed è il sale di quella dottrina etica, in cui l'intuizione è accolta, ospite o signora. Ma questa novità di intuizione, questo allargamento, o arricchimento, o soprattutto, orientamento diverso di valori, nessuno vorrà considerare come il frutto di una deduzione logica, anche se nel sistema ne vestisse le forme: anche se fosse esclusivamente opera dei grandi costruttori di sistemi e si accompagnasse sempre con una riflessione critica acuta e una meditazione ostinata.

Questa concomitanza (che del resto non si può dire costante, perché novità di intuizioni morali si trova pure in dottrine, pensamenti, apostolati estranei, almeno in origine, ad una costruzione sistematica) significa soltanto che quella medesima profondità di intuizione e intenso ardore di entusiasmo morale dai quali erompe la nuova idealità, promuovono e preparano, quando secondino le forze dell'intelletto, i grandi sistemi morali.

Così anche questa affermazione o posizione di valori nuovi

È forse superfluo avvertire che qui si parla di valori nuovi immediati e diretti; non di valori indiretti o mediati. Di questi altri, anzi, ogni incremento del sapere moltiplica il numero e le gradazioni; ed è in questa derivazione e deduzione dei valori indiretti e mediati dai diretti e immediati, che l'etica applicata prende a prestito dalla conoscenza scientifica le premesse minori dei suoi sillogismi valutativi, non importa qui cercare da quale concorso di circostanze interiori od esteriori suscitata o svincolata, non è la conclusione di un'indagine scientifica o filosofica, ma è un penetrare o un irrompere della coscienza morale nella corrente del pensiero riflesso; che non li dà esso, ma li accoglie; li illumina, ma non li crea.

b) Il fondamento cercato in una volontà.

La forma di precetto imperativo nella quale si traduce l'esigenza di conformare l'azione al giudizio morale fa considerare la moralità come l'adempimento di un obbligo e questo come l'obbedienza a un'autorità inconcussa e indiscutibile.

A questo momento della moralità corrisponde la tendenza a cercare il fondamento del valore morale stesso in un potere (che, in quanto si esercita in vista di un fine o in conformità a una norma, è volere) immanente o trascendente, personale o soprapersonale, del quale i giudizi morali esprimono i comandi.

L'autorità della coscienza morale rispecchia l'autorità di quel potere, e risuona l'eco di quel comando nel tono imperativo dei suoi precetti.

Ora qui è necessario sgombrare il terreno dagli equivoci che nascono dal trasportare un medesimo termine da uno ad altri concetti connessi ma diversi, o dal costringere in un solo concetto momenti distinti di un processo psicologico complesso.

Quando si parla del dovere, come di una caratteristica della valutazione morale, si cade in un equivoco di questo genere. Il dovere non è dovere di valutare, ma di conformare l'azione alla valutazione.

La valutazione morale precede, nell'ordine delle esigenze ideali, l'obbligo e lo giustifica; e non inversamente; anche se nella pratica coincidessero sempre e questo fosse la ratio cognoscendi di quella.

E qui occorre una analisi alquanto sottile e una riflessione un po' attenta.

La valutazione morale è preferenza, scelta, opzione fra qualità o proprietà, cioè modi possibili di essere o di agire, tra i quali non vi è gradazione, ma opposizione, e dei quali non può realizzarsi l'uno senza che sia tolto l'altro.

Porre l'uno come valore è insieme porre l'altro come non valore o disvalore. Approvare la sincerità, la fortezza, l'alacrità come valori, implica disapprovare l'ipocrisia, la fiacchezza, la pigrizia.

Il valutare morale è dunque un prendere partito per l'uno contro l'altro di due soli atteggiamenti possibili; ma poiché, e questo punto è di importanza decisiva, i valori morali, a differenza degli altri valori, non possono attuarsi o vivere in noi se non sono voluti e solo in quanto sono voluti (la volizione implica per quanto sono eseguibili tutte le azioni che ne dipendono, anzi consiste nell'ordinare e nel promuovere queste azioni), così non è possibile riconoscere un valore morale (che è quanto dire constatare l'opzione, la posizione ideale dell'uno e la negazione dell'altro, la esigenza che l'un termine acquisti o conservi sussistenza e l'altro la perda) senza approvare l'atteggiamento richiesto a porlo in essere; anzi, senza pensare la volontà nell'atto di realizzarlo.

Ancora: gli altri valori soffrono di essere commisurati tra di loro e posposti ai valori morali senza perdere la loro qualità di valori, cioè senza che questo posporli smentisca il loro riconoscimento. I valori morali invece non soffrono di essere posposti senza essere smentiti; perché non sono morali se non a patto di essere sovraordinati a ogni altro valore, e in quanto esprimono non stati singoli, ma modi di essere, non atti, ma modi di operare posti come costantemente normativi della volontà.

Ne segue che riconoscere un valore morale implica approvare, se si rivela come dato, esigere, se è concepito solo come possibile o potenziale, l'atteggiamento costante della volontà col quale esso valore è posto; costante, cioè tale che si attui ad ogni presentarsi della stessa alternativa. Perché non si può pensare che cessi di esser voluto senza pensare che cessi di esistere e che sia posto contro di esso la sua negazione, il non-valore, per atto di quella stessa volontà il cui atteggiamento positivo è un'esigenza implicita nel riconoscimento di quel valore come morale, cioè è idealmente postulato nella valutazione. Perciò, se accade che chi ritiene valore morale, poniamo, la sincerità, si sia lasciato trascorrere a una menzogna, l'atto presente e momentaneo del mentire appare a lui come un rinnegamento del suo proprio volere; il quale rimane potenzialmente e conativamente morale pur nel momento della volizione singola che gli si oppone e lo nega. Perché il valore non cessa di essere sentito e riconosciuto come morale, cioè come valore che esige per essere tale di essere attuato ossia voluto costantemente

Di qui nasce la tendenza incoercibile, manifesta nei maggiori pensatori, a identificare il volere puro, il volere che esprime l'essenza della personalità umana, il volere libero e autonomo, il "vero" volere col volere morale; e a considerare gli atti immorali come prodotti non dalla volontà, ma da difetto di volontà, da qualche cosa di esterno ad essa; non come espressione di attività e libertà, ma di passività e servitù.

Ora il dovere, in quanto è proprio e caratteristico della moralità, cioè in quanto è interiore e non riducibile al sentimento di una coazione esterna (ossia all'obbligo di cui si dirà tra poco), è la coscienza di questa esigenza del valore morale e si manifesta - come necessità di rispettare questa esigenza, di tener fermo nelle volizioni singole il valore morale, - nella sua forma più chiara, quando è in contrasto con motivi di altra natura. Ma è presente anche se non vi sia attualmente questo conflitto, in quanto è presente alla coscienza la possibilità di impulsi contrastanti.

Da quel che si è detto risulta che non si può parlare di dovere nel senso ora chiarito, cioè di dovere morale, se non presupponendo data una valutazione morale.

I valori morali devono già essere sentiti voluti come tali: se non sono, non vi può essere dovere.

E non avrebbe senso parlare di un dovere di riconoscere dei valori morali a una coscienza che fosse chiusa ad ogni valutazione etica; di un suo dovere di affermare la superiorità su ogni altro valore, di qualche cosa a cui non riconosce alcun valore. Non avrebbe senso più di quel che avrebbe il pretendere che debba capire che ci son anche dei suoni e che valgon più dei rumori chi non avesse udito mai che rumori, e i suoni stessi non li sentisse se non in forma di rumori.

E quando si dice, poniamo, che un uomo deve pur sentire che la lealtà vale di più del tradimento, il "deve" o non ha senso, o ha un senso al tutto diverso da quello propriamente morale.

Non ha senso se si vuol dire che nella realtà tutti lo riconoscono, cioè se si vuol affermare o constatare una verità di fatto. Ha un senso diverso se si vuol dire che per essere uomini bisogna sentire così, che non si può chiamar uomo o che non merita questo nome chi sente e giudica altrimenti, cioè se si afferma che al concetto di uomo è essenziale quella nota. Che è tutt'altra cosa. Perché significa non che abbia il dovere di sentire in un modo chi non sente che in un altro, ma che non sia veramente uomo se non chi sente così. Il che anche se fosse del tutto arbitrario non sarebbe assurdo.
Ma dunque i "sordi morali", se ve ne sono, non hanno doveri? Non ne hanno: perché non possono sentire l'esigenza di conformarsi a una valutazione che non han fatta e che non fanno, di attuare dei

valori che non riconoscono come tali. - Ma hanno tuttavia e Possono avere degli obblighi. L'obbligo di operare come se riconoscessero, se non tutti i valori morali, almeno alcuni, i pi- grossolani e massicci e coercibili esteriormente, cioè suscettivi di esser presentati come motivi apprezzabili anche da una coscienza non morale.

È questo obbligo, quello del quale si è tessuta con grande abbondanza di passaggi e di fasi la genesi psicologica e l'origine sociale nelle sanzioni esterne, e si è discusso a perdifiato se bastasse o non bastasse a dar ragione del dovere (ed evidentemente non basterebbe a darne ragione anche se bastasse a spiegarne la formazione); e questo obbligo implica necessariamente il riferimento a un potere superiore e distinto dal volere individuale. E come questo Potere si impone in vista di un fine e in conformità a certe norme, è concepito come potere di una volontà che comanda l'osservanza di quelle norme.

Senonché anche quest'obbligo può prendere forma e significato morale; come può non avere altro valore che di costrizione subita: appunto come le pene del codice per i galantuomini di princisbecco. E anche qui occorre un po' di pazienza.

Quella esigenza interiore che s'è visto sopra esser posta nella valutazione stessa e per la quale il valore morale si fa sentire come norma e si esprime nella coscienza del dovere (dovere di non negare nelle singole volizioni il volere costante implicito nella valutazione morale) si accompagna, come si è pure accennato, alla consapevolezza - data nell'esperienza e suggerita dalla forma stessa antitetica della valutazione normale - della possibilità di volizioni, cioè di azioni, immorali; o (che torna il medesimo) della esistenza di tendenze, impulsi, motivi antagonistici al volere morale.

Il volere morale si manifesta perciò (in quanto tali motivi antagonistici tendono a contrastarne l'attuazione) come esigenza della subordinazione costante di questi motivi, come appello a una forza coercitrice che li soverchi, sovrapponendo ad essi altri motivi opposti dello stesso ordine, e rovesciandone per tal modo il valore.

Questa disposizione di spirito fa che si approvi l'obbligo e si approvi il Potere obbligante, se esiste o si concepisce che esista; se ne ponga la necessità e se ne invochi la presenza dove e quando manchi; cioè fa che si riconosca giusto l'obbligo, giusta la sanzione dell'obbligo, e giusto il Potere che lo pone.

In questa disposizione per la quale l'obbligo e la sanzione sono interiormente approvati e voluti come garanzia di moralità, e il Potere obbligante è invocato e idealmente posto in nome della esigenza morale, sta la caratteristica differenza che dà all'obbligo valore morale, e lo distingue dall'obbligo sentito come pura costrizione esterna; che distingue il potere che merita rispetto dalla forza che si deve subire; l'autorità dall'arbitrio; sia che il comando di questa autorità si consideri limitato a una certa sfera di valori morali, sia che si faccia coincidere collo stesso valore morale e si identifichi con esso.

Ma così nell'uno come nell'altro caso resta la medesima, di fronte all'obbligo e al Potere obbligante, la differenza di atteggiamento tra la coscienza che valuta moralmente e la coscienza che sia chiusa, per ipotesi, alla valutazione morale.

Per la prima è la valutazione morale che fa riconoscere e rispettare l'obbligo. Per la seconda è l'obbligo che fa riconoscere i valori morali; i quali valgono non perché sono morali, ma perché sono riconosciuti, in forza dell'obbligo e della sanzione, come valori strumentali di altri valori, come condizione imposta e inevitabile di quei beni che soli la coscienza amorale desidera e apprezza. L'osservanza dell'obbligo non è interiore moralità, ma è conformità esteriore a certi comandi che valgono quel che vale la sanzione che li accompagna. La valutazione propriamente e specificamente morale manca, ed è surrogata da una valutazione del tutto diversa. Il suono dei valori morali non può farsi sentire, per questa sordità morale, se non diventa il rumore di un interesse diverso.

Raccogliamo i risultati dell'analisi e vediamo che cosa ne segue.

Il dovere esprime l'esigenza di conformare l'atto al giudizio, di non smentire, con la volizione attuale, la preferenza, la opzione che si afferma, come criterio di apprezzamento nel giudicare l'operare proprio e l'altrui, nella valutazione morale; di non opporre il mio volere in quanto è stimolo e causa dell'azione, potere di produrre movimenti, al mio volere in è scelta fra posizioni possibili opposte, e attribuzione continua e persistente di valore all'una, e di disvalore all'altra.

Se si separa la volontà come causa delle volizioni attuali e contingenti, come potere di esecuzione, dalla volontà che pone i valori e si esprime nella valutazione, il dovere si presenta come l'esigenza dell'obbedienza del Volere operante al Volere valutante, del volere esecutivo al volere legislativo, del volere a cui spetta attuare i valori morali nelle contingenze mutevoli di luogo e di tempo, al volere che li ha posti e li fa sentire e riconoscere come tali.

Ora, quando la incertezza, l'incostanza, la debolezza del carattere, il prepotere di istinti, di impulsi e di tendenze opposte in noi e negli altri, facciano sentire alla coscienza morale la necessità di un Potere che assicuri la preminenza di fatto e non soltanto di diritto dei valori morali, e ne tuteli l'osservanza, il valore morale di questo Potere e delle sanzioni con le quali impone i suoi comandi, viene manifestamente dall'essere questo Potere pensato come conforme all'esigenza morale, come proprio di una volontà, che si accorda, in tutto o in parte, con quel che si è detto il Volere valutante; cioè di una Volontà che tende all'attuazione dei valori morali.

Se quel Potere è pensato senza limiti e attribuito a una volontà perfettamente morale cioè a una volontà la cui norma si identifichi con quella del mio Volere-valutante, questa Volontà - in cui il potere adegua il valutare e per la quale la attuazione dei valori morali adegua la posizione di essi valori come tali, cioè come degni di essere attuati - sarà pensata non solo come un potere che impone, ma come Autorità che merita, un'obbedienza incondizionata; e apparirà che derivino da un'unica sorgente così il comando che esprime la potenza operante di quella volontà, come la valutazione morale che ne esprime la norma; cioè apparirà fondato su quell'Autorità il criterio stesso della valutazione.

Ma lasciando ogni questione sulla legittimità delle postulazioni implicite in questi processi costruttivi e sulla possibilità della loro sintesi, è facile vedere come rimanga sempre inevitabilmente distinta e presupposta nel concetto dell'autorità imperante la valutazione, che giustifica il comando, che dà autorità al potere, che suggerisce l'identificazione di un Volere onnipotente con un Volere legiferante; la valutazione data nella coscienza morale, la quale rimane il postulato inespugnabile; non derivabile e non superabile; anche dove è sottinteso e dove sembra, a primo aspetto, derivato o subordinato.

Così se il teologo ammonisce di non biasimare come ingiusto o cattivo ciò che la Provvidenza dispone o permette, non contrappone alla valutazione morale una valutazione diversa, ma sostituisce e sovrappone alla "veduta corta d'una spanna" una sapienza infinita la quale vede i fini remoti di quell'ordine che a noi rimane occulto; e per il quale in realtà è bene quel che fuori di quell'ordine a noi appare un male.

Ma appunto il criterio di questa bontà è il criterio morale; ed è il non sapere conciliare i fini apparenti con l'esigenza morale che induce l'opinione o la certezza di fini ulteriori che si accordino con essa.

Dopo quanto s'è detto riuscirà più chiara l'analisi delle forme principali nelle quali si presenta, e si è presentata storicamente, la dottrina del fondamento autoritativo della morale.

Se la distinzione tra il potere e l'esigenza morale che lo legittima non è superata, come s'è visto, neppure quando si unificano i due termini nel concetto di un'autorità che sia insieme irresistibilmente potente e indefettibilmente morale, tanto più manifesta sussisterà nelle forme in cui l'unificazione non è posta, o l'adeguazione è incompleta.

Ma restano, almeno all'apparenza, due vie: a) o negare ogni valore alla coscienza morale come tale, e fondare ogni valutazione, sul potere che la pone a suo arbitrio; b) o trasferire il criterio della valutazione morale dalla coscienza personale a un'altra coscienza, impersonale o collettiva, la cui autorità viene da qualche cosa di diverso che dal suo accordarsi totale o parziale con la coscienza della persona.

a) Sulla prima tesi non c'è da osservare che questo:

Che essa o non risponde alla domanda alla quale pretende di rispondere; perché non è dire donde venga l'autorità della valutazione morale negarle ogni valore, per riconoscere soltanto il potere che la impone, ma che potrebbe imporre il contrario.

O non toglie se non a parole la distinzione, che ritorna attraverso a qualsiasi sottigliezza, tra l'arbitrio e la giustizia, tra la forza e il bene. E quando il Callicle platonico condanna le leggi come un'imposizione dei molti ai pochi, degli inetti e fiacchi agli ingegnosi e ai forti, egli deve, per non contraddire se stesso, non escludere, ma includere nel suo biasimo un criterio morale, un criterio superiore alla forza; poiché serve a giudicarla, a distinguere quella degli ingegnosi, degli intelligenti, dei superiori, da quella del numero; a riconoscere che v'è una forza che dovrebbe valere di più e che non è giusto sia sopraffatta dall'altra. Ma dunque non è più la forza che costituisce la giustizia?

E il potere illimitato del Sovrano, al quale l'Hobbes riconduce ogni criterio di morale e di diritto, esclude solo in prima istanza, cioè in apparenza, ogni valutazione diversa: perché, come tutti sanno, l'arbitrio di questo potere è legittimato da un'esigenza diversa; quella stessa per cui si suol riconoscere che è meglio una legge cattiva che nessuna legge, e un governo tirannico che nessun governo.

b) La seconda delle vie indicate conduce a far riconoscere l'autorità morale come propria, o della collettività concepita come aggregato dei singoli, o dello stato come distinto e superiore alle persone: sia come organo della società ai cui fini sono subordinati i fini individuali, sia come Volere universale al quale devono inchinarsi le volontà particolari.

Le due tesi hanno, come è noto ed è facile capire, significato e valore diverso.
I) Se la collettività è intesa come semplice aggregato e somma di singoli, non si può evitare il criterio della maggioranza, cioè in ultimo della forza. Un giudizio morale che non è valido se corrisponde alla valutazione di n-1 coscienze, diventa valido se quell'una cambia parere. È il criterio della

democrazia politica; di cui non si discute ora il valore come criterio politico (cioè come criterio di preferenza tra i mezzi, non di giustizia tra i fini); ma del quale nessuno riconosce sul serio il valore di criterio morale supremo; per la stessa o analoga ragione per cui il buon senso non è il senso comune, e il discorrere concludente di un solo vale più che il chiacchierare sconclusionato di cento; e per la quale la maggioranza dei votanti può bastare a fare una legge ma non a farne riconoscere l'equità.

Ché se l'autorità morale della valutazione collettiva vale in quanto essa esprime l'unanimità dei singoli, e perciò serve a distinguere la sfera più o meno ampia di valutazioni in cui tutte le coscienze concordano, da quelle sulle quali l'accordo sparisce, si riconoscono due cose: 1° che per ciascuna persona non vi può essere autorità morale superiore a quella della propria coscienza; 2° che la distinzione la quale può essere di importanza capitale per i rapporti tra morale e politica, cioè tra norme etiche e norme giuridiche, non ha valore morale se non a patto di essere fondata essa stessa su una distinzione di valore apprezzata o apprezzabile (non importa ora cercar come) dalla coscienza morale personale che la deve riconoscere.

Manca dunque sempre il qualche cosa di diverso dalla coscienza personale, a cui dovrebbe ricondursi l'autorità della coscienza collettiva.

II) Quando si parla di fini della società diversi dai fini individuali, e di coscienza sociale distinta dalla coscienza personale, si corre facilmente nell'equivoco di opporre come separati, o, peggio ancora, precedenti l'uno all'altro due termini correlativi; e si dimentica o si trascura di tener presente che i fini della società non sono fini se non per gli esseri associati che li concepiscono e li fan propri; e che la coscienza sociale non esiste e non si rivela che nelle coscienze individuali; come, per converso, che i fini individuali sono nello stesso tempo, o direttamente o indirettamente, fini della società; e un certo grado di distinzione e differenziazione delle coscienze individuali è correlativo a un grado corrispondente di coscienza sociale.

Ciò non significa negare il fattore sociale e le esigenze della socialità. Ma significa che quando si parla di individui e di coscienza individuale, questo individuo è già il socio; è esso, e nello stesso tempo la società a cui appartiene; e la coscienza personale sua è insieme coscienza di sé individuo e coscienza di altri e del tutto: ed è così legittimo dire che esprime le esigenze dell'io di fronte a quelle della società, come dire che esprime quelle della società di fronte a quelle dell'io.

Fatta questa avvertenza, che non sarebbe a rigore necessaria per la discussione presente, riesce meno strana l'affermazione che i valori sociali non sono morali se non perché e in quanto sono sentiti e valutati come tali dalla coscienza personale; e che dal punto di vista etico non è la società che dà valore ai miei criteri morali, ma sono i miei criteri morali che danno valore alla società.

La socialità stessa, come tendenza e come esigenza, può essere ed è valutata alla stregua della esigenza morale.

Derivare la valutazione morale da fini sociali significa dunque derivarla da qualche cosa il cui valore è giudicato e posto in grazia di quella stessa valutazione che se ne vuol trarre.

Di che si può trovare la prova in due considerazioni non difficili. La prima è questa: che il giudizio sulla maggiore o minore eccellenza e dignità dei fini designati come sociali e delle istituzioni, delle leggi, dei tipi di società, ammette o sottintende postulati morali; e che non v'è riforma sociale piccola o grande che non invochi e non debba affrontare il giudizio della coscienza morale.

Quella stessa dottrina sociale (il marxismo) che formulò più apertamente il proposito del più risoluto amoralismo per fondarsi su un rigoroso determinismo storico, vede dissiparsi il suo bagaglio scientifico, e star saldo quel nocciolo di idealità etiche per le quali professava in vista il più aperto dispregio, e che in realtà avevan dato l'anima alla dottrina e l'ali alla certezza.

L'altra osservazione è questa; che appunto quel che vi è di vivo e di vitale e di durevole nella fede ("fede è sostanza di cose sperate") che prende il nome dal socialismo, è sociale non nel fine, ma nel mezzo; mentre è, nel fine, e non potrebbe non essere, suggerito e alimentato da un ideale morale che ha per oggetto e per centro l'individuo, la unità personale umana. Poiché la proprietà collettiva è concepita, attesa, voluta come condizione necessaria a rendere effettiva la libertà di tutti, a far veramente di ogni individuo umano una persona umana.

Che poi quella sia la condizione necessaria, e che sia sufficiente; o che gli effetti siano per essere diversi o opposti da quelli sperati, è tutt'altro discorso.

La vieta analogia biologica che fa degli individui le cellule dell'organizzazione sociale, se anche rispondesse a verità per quel che riguarda le condizioni dell'esistenza, dovrebbe sempre venir rovesciata nel rispetto della valutazione morale. Perché soltanto nella cellula-individuo l'organismo-società acquista coscienza di sé; e soltanto nella coscienza dell'individuo vale come organismo, e per essa soltanto potrebbe acquistar valore di finalità riconosciuta e voluta da lui come superiore a se stesso.

Né concluderebbe il dire che non si tratta in ultimo che di un "punto di vista diverso"; e che, se dal punto di vista dell'individuo i valori sociali sono valori individuali, dal punto di vista della società è vero l'inverso: perché la coscienza che pone i valori sociali, e che giudica e valuta dal "punto di vista" sociale, che funge da coscienza sociale, è ancora, sempre, inevitabilmente, una coscienza individuale.

Più breve discorso è da fare per il proposito nostro, della dottrina assai più sottile e complicata che concentra ogni autorità e ogni finalità sociale nello stato e fa dello stato l'organo dell'Eticità. Perché in quanto la volontà dello stato sovrano si identifica col Volere universale cioè col volere morale, non c'è che da ripetere quel che si è detto sopra a proposito dell'identificazione del Volere-potere col Volere-valutazione. Ciò che fa essere lo stato arbitro della valutazione, e l'autorità dei suoi comandi criterio supremo dei valori morali, è questa affermata identità del Volere dello stato col Volere morale che si viene attuando nella Storia.

Le difficoltà che possono nascere dagli sforzi di conciliare lo stato com'è con lo stato com'è concepito, e di interpretare i processi reali del suo divenire storico come momenti di attuazione dello Spirito universale cioè del Volere morale, rimangono estranee al punto in questione; il quale è questo: che il valore etico dello stato nasce dall'essere esso e esso solo l'organo adeguato di quel Volere universale, il quale è lo stesso Volere etico, che informa di sé la coscienza personale e si fa valere in essa.

Cosi qualunque sia il Potere e qualunque il Volere a cui si voglia ricondurre l'autorità della coscienza morale, sempre si trova dietro a quel Potere e dietro a quella Volontà, inevitabilmente dato o presupposto, quel valore morale che legittima il primo e dà autorità al secondo; come dietro la firma dell'uomo d'affari sia, non vista e non detta, ma sottintesa, la ricchezza reale o supposta, che fa della sua cambiale un valore.

Ma se l'autorità della valutazione morale non è derivabile da nessun'altra autorità superiore diversa da quella della coscienza personale, bisogna ammettere: o che le valutazioni morali delle diverse coscienze coincidano totalmente, cioè che le coscienze personali non siano che copie o esemplari di una medesima coscienza morale che si esprime per mille voci uguali di tono e di contenuto; o altrimenti che si trovi, nella natura stessa dei valori morali, posta, insieme con la esigenza dell'accordo rispetto ad alcuni, quella della differenza e dell'opposizione rispetto ad altri valori.

E in questo caso al problema della fondazione storica e della fondazione consensuale della valutazione morale si sostituisce l'altro problema: Quali sono i valori morali nel cui riconoscimento l'autorità dell'induzione storica e l'autorità del consenso universale coincidono con quella della coscienza personale?

E in che cosa differiscono dai valori morali per i quali manca tale accordo?

È legittima, e perché ed entro quali limiti, una subordinazione (che in ogni caso non potrebbe né in fatto né in diritto estendersi all'atteggiamento interiore, ma valere soltanto rispetto alle manifestazioni esteriori) dei secondi ai primi?

E del pari si trasforma il problema sul fondamento del dovere.

Il dovere non riguarda, come s'è visto, il valutare, ma il conformare la condotta alla valutazione; e suppone il rapporto tra due volontà distinte o concepite come distinte, tra un volere presente e momentaneo che si rivela nella volizione attuale e concreta, e il volere dell'io persona, il Volere valutante o normativo, che le dà unità. Se l'io momentaneo o contingente è dominato totalmente e assorbito dall'io persona, e il Volere operante si identifica col Volere valutante, il dovere si attenua e svanisce perché sparisce il termine subordinato; se il Volere valutante manca e l'io non è che aggregato temporaneo e variabile di impulsi e di tendenze accidentali, il dovere non sorge perché manca il termine subordinante.

Il problema del dovere è perciò il problema di questo rapporto, e delle difficoltà che nascono, sia dal concepire il Volere operante come uno e identico col Volere valutante; sia dal concepirlo come distinto e diverso; sia infine dal concepire, secondo importa la necessità di una conciliazione, le due volontà come distinte e diverse nell'uomo individuo, ma come una e identica in un Potere soprapersonale del quale il valore morale esprime la legge nella coscienza individuale.

Capitolo quinto

LA INVERSIONE DEI PROBLEMI RELATIVI AL FONDAMENTO DELLA MORALE

Ogni sforzo di derivare una valutazione morale da qualche cosa di cui non sia già riconosciuto il valore morale è dunque vano o illusorio. O non dà quel che si cerca, o presuppone quel che si pretende di fondare.

In realtà i valori morali o valgono per sé o sono tali in grazia di altri valori che valgono essi come morali per sé.

Epperò ogni ragionamento col quale si dimostri per esempio che un'azione è buona o giusta, si risolve o nel ricondurre quell'azione a una classe di azioni, a un modo di operare già riconosciuto come morale, o nel dimostrare che questa azione fu od è voluta come condizione o mezzo di attuazione di un valore morale.

I valori morali diretti e immediati, apprezzati e voluti per sé, sono dunque dati di una esperienza morale non riducibile ad altre forme di esperienza e i giudizi nei quali questa validità diretta e immediata è ammessa o riconosciuta, sono postulati di valutazione morale (postulati etici in proprio senso).

E una dottrina morale in quanto è sistema di valutazioni si fonda in ultimo sui postulati etici, espressi o sottintesi, di cui si assume che sia ammessa la validità: cioè che siano dati immediati della coscienza morale.

Quando sia chiaramente riconosciuta questa indipendenza, questa validità per sé o autoassia dei postulati etici, le costruzioni dottrinali rivolte a cercare fuori della morale un fondamento che essa né può trovare né ha bisogno di cercare altrove, prendono un carattere e un significato diverso se non opposto; e forse considerate da questo aspetto rivelano meglio la tendenza profonda che muove e avviva in forme sempre risorgenti di tentativi diversi, i tipi di costruzione morale esaminati nei capi precedenti.

L'idea centrale dell'intellettualismo morale di cercare il fondamento morale in una realtà obbiettivamente data, e, in una conoscenza di questa realtà, dei suoi gradi di entità e di perfezione, il criterio della valutazione morale, diventa, guardata da questo aspetto, un'espressione della tendenza profonda e incoercibile, di trovare nel valore il senso e la ragion d'essere della realtà, nel criterio morale la chiave della sua interpretazione; di commisurare la realtà alla dignità, e riconoscere come esistente veramente soltanto ciò che è degno di esistere, facendo del bene il solo vero reale, e del male un mancamento, un difetto di realtà, l'irreale.

Dietro il pensiero che muove i tentativi dell'utilitarismo sotto qualunque forma si presenti (non soltanto edonistico, ma estetico, noetico, umanitario, religioso) di trovare la ragione del valore morale in un bene supremo o maggiore o più alto di ogni altro, che ne persuada l'utilità o ne giustifichi l'autorità, appare la convinzione che anche sotto il rispetto soggettivo della felicità (per l'uomo patologico, direbbe il Kant) non è in ultimo veramente bene se non ciò che è morale, o ciò a cui la moralità apre la via.

Tutto ciò che ha valore, in quanto ha valore davvero, non può contrastare, ma si accorda, deve accordarsi coi valori morali, consistere in questi, o essere - in ultimo - condizionato da questi.

E quando si tormenta la storia (storia esterna e storia interna della civiltà) per trovare nel processo di svolgimento, nella selezione subita o nel trionfo conquistato, i titoli di nobiltà che spieghino e legittimino l'autorità della morale, della nostra morale, si agita dietro l'acume e la sottigliezza delle indagini e sotto gli accorgimenti dell'induzione storica, il bisogno di trovare nella storia l'attuazione di un disegno etico, di fare dell'accadere storico un divenire morale, di confermare con l'esperienza morale del passato l'esperienza del presente, la nostra esperienza morale, la mia.

Come l'appello al consenso universale degli uomini, meglio che allo scopo di fondare su questo consenso la mia certezza morale, risponde alla esigenza che realmente abbiano valore per ogni coscienza quei valori che sono posti come universali dalla mia, e costituiscono non il mio soltanto, ma il patrimonio ideale più prezioso di ogni uomo, dell'uomo.

E finalmente, quando dell'Autorità si cerca fondamento in una Volontà superiore e distinta dalla volontà di ciascuno, che si impone a questa e ha il potere di obbligarla, l'esigenza a cui si obbedisce è quella stessa di cui si alimenta la coscienza del dovere: l'esigenza che il volere più alto e il più degno di autorità perché è il volere che pone i valori morali, sia nello stesso tempo un potere adeguato al compito suo, il potere più forte

 L'idea di "potere" è un elemento inespugnabile del concetto di volontà, pereché la volontà è produzione, creazione, iniziativa. Dove si ravvisa o si presume che ci sia o ci debba essere una volontà, ivi si presume una forza (non è anzi la volontà la prima, e la sola forza, cioè attività che ci sia rivelata dall'esperienza diretta?); e una forza tanto maggiore quanto più grande e difficile è il compito che la volontà si pone.

Ed è perciò che questa forza appare nella forma più chiara, quando il volere morale si traduce in atto contro gli impulsi di ogni altro genere ed a prezzo dei più gravi sacrifici; è perciò che il sacrifizio è la prova più alta e la testimonianza più sicura (nel l'espressione stupenda del Cristianesimo testimonio è il martire) della saldezza, della serietà del volere morale. Ed è anche per ciò che appare inevitabilmente pietoso o ridicolo un volere senza potere; e che il senso comune si fa beffe dei padri Zappata. Dei due elementi della volontà, la direzione consapevole e la forza, il senso comune è tratto senza esitazione a fare maggior stima della forza.

Ha torto? ha ragione?; sia, come il vero volere, così il supremo potere.

La forma generale, con la quale si presentano da questo punto di vista i problemi, è dunque inversa a quella nella quale sono posti e considerati nelle dottrine che cercano fuori della morale il fondamento della morale. Si tratta non già di vedere quale ragione d'essere, e d'esser tali piuttosto che altri o diversi, trovino i valori morali nella realtà che conosciamo, nei beni d'altro genere che desideriamo, nelle tradizioni e negli esempi del passato, nei giudizi dei contemporanei, nel comando di un Volere onnipotente; ma di vedere se e come sia possibile e sia legittimo costruire una realtà, graduare dei valori, interpretare la storia, pretendere il consenso, postulare una Volontà in cui si adegui il potere al volere, sul fondamento della certezza e validità immediata e diretta dei valori morali, e delle esigenze che essi implicano.

La formulazione generale di quei problemi dal punto di vista morale è dunque segnata da questo procedimento: Quali sono i valori morali; e quali sono le esigenze derivanti dalla loro posizione; se e quali postulazioni di ordine teoretico siano richieste a soddisfare queste esigenze; se e quale legittimità abbiano le postulazioni teoretiche fondate sopra di esse.

Ma qualunque cosa si pensi di questi problemi e delle loro soluzioni, sussiste, indipendente da ogni giudizio su di essi, e rimane stabilita chiaramente e incontestabilmente, la primarietà, la indipendenza, la autoassiomaticità delle valutazioni morali.

A fondamento dei giudizi morali non vi sono e non vi possono essere che dati e postulati di valutazione morale.

Parte seconda
LA PLURALITÀ DEI CRITERI MORALI

Capitolo primo
IL CRITERIO FORMALE DI VALUTAZIONE DEL KANT

L'indipendenza e l'indeducibilità dei grandi valori morali da qualsiasi speculazione teoretica fu, come tutti sanno, riconosciuta e affermata, nella forma più esplicita e con grandissimo vigore dal Kant. Perciò le conclusioni riassunte nell'ultimo capitolo sembrano mettere capo alla sua dottrina e alla soluzione data da lui al problema che l'analisi precedente pone come il problema veramente centrale dell'etica: quale sia il dato o quali siano i dati indeducibili della morale; o, che torna lo stesso: quale sia il criterio (o quali i criteri) a cui si riconduce la valutazione morale.

Bisogna dunque cercare prima di tutto se questa soluzione sia veramente esauriente. Ma giova intanto avvertire subito, per evitare le facili confusioni e gli equivoci indotti da connessioni abituali di idee e di dottrine, che la indeducibilità dei valori morali, come non implica necessariamente i principi e i procedimenti tenuti dal Kant nel riconoscerla (poiché vi si giunge, come abbiam visto, anche per altra via), così non richiede, per sé, né che si accettino né che si ricusino le conclusioni alle quali si arriva.

La connessione fra le diverse tesi che si raccolgono attorno alla autonomia kantiana può essere, anzi veramente è, nel suo pensiero una connessione necessaria, ma non è necessaria fuori di esso e fuori del sistema di dottrine che lo esprime.

Così il "primato della ragione pratica" nella soluzione dei problemi metafisici non è una conseguenza logicamente inevitabile della indipendenza e validità per sé dei valori morali; benché possa essere e sia anzi facilmente accolta da chi riconosce questa indipendenza e validità.

Ciò che si presenta come conseguenza di questo riconoscimento è il problema della conciliazione tra le esigenze della speculazione teoretica e le esigenze della valutazione morale; del qual problema il primato della ragion pratica esprime una soluzione o traccia la via per la quale il Kant l'ha cercata.

Ma veniamo al punto che ci interessa. Il concetto fondamentale dal quale il Kant prende le mosse è, come è noto, quello del volere buono.

Il volere buono è il volere che si determina non per un oggetto, qualunque esso sia, che abbia un valore di fine per chi lo vuole (motivo "patologico", ma per il dovere: cioè per il rispetto alla legge perché è legge; non già in vista di quel che la legge comanda, ossia delle conseguenze che il volere conforme alla legge apporta.

Il rispetto della legge in quanto è legge, astrazione fatta dal suo contenuto, è dunque il rispetto di ciò che la fa esser legge, della sua validità universale.

L'universalità è la forma della ragione che si pone come esigenza del volere puro; è la ragione stessa in quanto si manifesta come volontà, è la ragione pura pratica.

Se l'uomo fosse pura ragione, cioè se non fosse insieme un essere sensibile soggetto a tendenze, a impulsi di altre specie, il suo volere sarebbe santo, e non si potrebbe parlare di dovere. Invece il dovere c'è perché c'è l'esigenza di conformare l'azione alla ragione e non agli impulsi della sensibilità.

E il volere buono e appunto il volere che posto fra la legge e quegli impulsi - di qualunque specie siano - si determina per la legge, cioè per l'universalità, che è la forma della volontà razionale.

Il criterio supremo della moralità è perciò espresso nella nota prima formula dell'imperativo categorico, di cui si dice più sotto.

Come si deve intendere quella universalità? E basta essa ed essa soltanto a fornire la caratteristica della valutazione etica, a distinguere ciò che vale moralmente da ciò che non vale?

Quando la prima formula dell'imperativo dice: "Opera soltanto secondo quella massima che tu puoi volere nello stesso tempo che diventi una legge universale", - questa possibilità di voler che la massima diventi legge universale può esser presa in due significati diversi.

Può voler dire la possibilità che sia seguita universalmente senza che l'osservanza da parte degli uni tolga o impedisca o limiti la possibilità della medesima osservanza da parte degli altri; la possibilità di pensarla senza contraddizione come legge universalmente valida; o può significare invece la possibilità che il valore universale della massima sia riconosciuto senza che questo riconoscimento contraddica o neghi il valore, che è o si suppone già ammesso, di un principio più generale; ossia che si possa volere l'universale validità della massima senza disvolere l'universalità di una massima più generale che la comprende, e si suppone che già sia o debba essere ammessa come legge.

I due significati sono profondamente diversi, sebbene possa parere a prima vista che coincidano. Che, negli esempi che dà e nei commenti con cui li accompagna, lo stesso Kant non mescoli qualche volta i due sensi e non ne oscuri le differenze, non oserei negare; ma non parmi si possa dubitare che il vero significato inteso e voluto da lui sia il secondo e non il primo.

I. Se s'intende l'universalità nel primo senso bisogna riconoscere che:

a) non soltanto si può concepire, ma può darsi in effetto che sia seguita universalmente, una massima senza che perciò se ne ammetta il valore morale; come per converso:

b) può darsi che di una massima di condotta non sia possibile l'osservanza universale senza che perciò se ne riconosca l'immoralità.

a) Come esempi del primo caso basta citare uno di quelli addotti dallo stesso Kant (il 3° della fondazione) in sostegno del criterio dell'universalità: l'esempio dell'uomo d'ingegno Che preferisce il darsi buon tempo alla fatica di esercitare e perfezionare le sue doti naturali (dove è chiaro che non vi è nessuna impossibilità di concepire che tutti seguano quella medesima massima, sebbene questo non importi nessun riconoscimento di valore morale); e quello (addotto dallo Schopenhauer contro il Kant) della ragione del più forte.

Anche qui è possibilissimo ammettere che dappertutto dove vi è un forte di fronte al debole il primo sopraffaccia il secondo, cioè che la subordinazione del debole al forte sia fatta valere universalmente come legge, senza che perciò se ne ammetta la moralità.

b) Per converso, tra le massime che non possono pensarsi universalmente osservate senza contraddizione vi sono non solo massime comunemente riconosciute come immorali, per esempio, che ciascuno possa appropriarsi l'altrui, ma anche massime come l'opposta: che ciascuno ceda il proprio a vantaggio d'altri. Della quale, se non gli economisti, almeno San Francesco e i suoi ammiratori non metteranno in dubbio la santità.

Ed è manifestamente del pari impossibile pensare universalmente praticate così la seconda come la prima.

2. Ben diverso è il secondo significato; per il quale la possibilità o l'impossibilità di universalizzare la massima non riguarda l'osservanza, ma la compatibilità o l'incompatibilità di questa universalizzazione della massima con la volontà che la pone.

Senonché questa incompatibilità (restringo, per semplificare, l'esame alla forma negativa che è anche la più importante) può esprimere due specie diverse di contrasto: può voler dire che universalizzando la massima si viene a togliere la ragione per la quale si è accolta, ossia a negare il motivo stesso che la giustifica; oppure che si nega il valore di un'altra massima che già vale, o si ammette che valga o debba valere per la volontà, come legge universale.

I due casi debbono essere considerati a parte e si possono chiarire facilmente con esempi.

2'. Supponiamo che oggi io, più forte, trovandomi di fronte a un debole lo costringa a fare il piacer mio, e che giustifichi la mia prepotenza con la massima che il forte ha diritto di soggiogare il debole. Se il motivo, che mi ha indotto a formulare la massima è l'interesse egoistico, accadrà che in nome di questo stesso interesse io dovrò negare la massima quando le vicende facciano di me, del più forte di ieri, il debole di oggi.

Ossia la massima non può essere universalizzata, senza che venga posta con ciò la possibilità che sia negato il principio (cioè il motivo o l'interesse) in grazia del quale l'ho accolta.

2". Se si suppone invece che io riconosca essere nella forza il fattore di ogni elevazione morale, e nell'esercizio incondizionato di essa il valore morale più alto, la massima della prepotenza che approvo quando il più forte sono io, dovrà essere parimente approvata - anche se hic et nunc mi dispiaccia - quando il più forte sia altri; e l'universalità della massima potrà esser voluta senza contraddizioni, perché si accorda con il mio supremo criterio morale (che è quanto dire universale) di valutazione; ossia perché è una forma subordinata di un'altra massima già posta dal mio volere come legge universale

Con quel che risulta evidente da questa ipotesi si accorda il fatto assai notevole della profonda diversità di valore che può assumere nel nostro giudizio morale la medesima regola pratica, secondoché noi vediamo dietro di essa un motivo soprasoggettivo e impersonale(anche se contrario al nostro criterio di valutazione) o un motivo soggettivo e personale; a seconda che ci appare una massima accettata veramente da chi opera come norma, o un comodo pretesto o compromesso del momento; cioè a seconda che vi si trova o no quella condizione necessaria, se non sufficiente, del carattere morale, che è la coerenza dei giudizi tra di loro e delle azioni coi giudizi.

Il significato nel quale è preso dal Kant il criterio della universalizzazione, è, come si è detto, il secondo; e propriamente quelli forma del secondo che risponde all'ultimo dei casi ora esaminati (2").

Né potrebbe cadere sotto qualsiasi altra la considerazione, che è la sola veramente decisiva, fatta da lui per provare che non potrebbe essere universalizzata la massima proposta nel 3° esempio, già citato, dell'uomo che ha ingegno e rinuncia a coltivarlo. "Egli vede bene che senza dubbio una natura, malgrado una tale legge universale, potrebbe sempre ancora sussistere, anche quando l'uomo (come l'abitatore del Mar del Sud) lasciasse arrugginire i suoi talenti e non pensasse che a volgere la sua vita verso l'ozio, il piacere, la propagazione della specie, in una parola, verso il godimento; ma egli non può assolutamente volere che questa divenga una legge universale della natura e che ciò sia innato il, noi come istinto naturale. Perché come essere ragionevole egli vuole necessariamente che tutte le facoltà siano sviluppate in lui". (fondazione, Parte II).

La medesima considerazione è ripetuta a proposito dall'altro esempio (il 4°) in cui si fa l'ipotesi del brav'uomo, che si propone di non far del male a nessuno, ma quanto all'adoperarsi nei bisogni altrui è del parere: ciascuno per sé, e Dio per tutti. "Quantunque sia possibile che sussista una legge universale della natura conforme a quella massima, è impossibile di volere che un tale principio valga come legge della natura"

 La ragione di natura egoistica che Kant fa seguire può valere tutt'al più come un tentativo poco felice di giustificare la simpatia dal punto di vista dell'interesse individuale, ma non varrebbe per sé in alcun modo a dimostrare l'impossibilità di volere di cui si parla, se non a patto di identificare (pericolo forse non avvertito) il volere dell'uomo "come essere ragionevole" col volere del "caro Io".

(Il corsivo delle parole sottolineate in questa e nella citazione precedente è mio, tranne per la parola volere spazieggiata).

Cito per la Fondazione della metafisica dei costumi la bella traduzione del Vidari (Pavia, Mattei Speroni e C., 1910); per la Critica della ragion pratica mi riferisco al testo originale nella edizione della R. Accademia di Prussia (Kant's Gesammelte Schriften, vol. V, G. Reimer, Berlin, 1908).

Per il Kant dunque l'universalità della massima non è criterio della sua bontà e del valore morale della volontà che vi si conforma, se non perché essa è una prova dell'accordarsi della massima seguita nell'azione con la natura dell'essere ragionevole, con la legge posta dalla Ragione, che è la legge stessa morale. Soltanto intesa così la formula (la 3° della fondazione) della volontà di ogni essere ragionevole che istituisce per mezzo delle sue massime una legislazione universale, o nei termini della Critica della ragion pratica (op. cit., p. 30): "Opera in modo che la massima del tuo volere possa valere insieme come principio di una legislazione universale"; e coll'autonomia del volere come principio di una legislazione universale"; e coll'autonomia del volere come principio di tutte le leggi morali e dei doveri conformi ad esse (op. cit., p. 33). E soltanto così si può intendere come egli creda di derivare dall'universalità la formula famosa e più feconda (ma feconda in quanto dà un contenuto all'universalità, non in quanto semplicemente ne riceve la forma): "Opera in modo da trattare l'umanità, sia nella tua persona sia in quella di ogni altro, sempre ad un tempo come fine e non mai soltanto come mezzo".

Ma intesa così l'universalità, essa non esprime che una doppia esigenza: dell'universale conformità delle massime alla ragione, alla legge morale, al volere puro come principio di una legislazione universale, vale a dire, alla legge morale; e della universale validità delle massime come comandi, cioè dell'universalità del dovere. Ma né dall'universale imperatività delle massime, né dalla universale loro conformità alla legge morale è possibile ricavare quali sono i modi di operare che le massime impongono, quale sia la legge universale che la volontà per mezzo delle sue massime pone a se stessa.

Se ora vogliamo, e possiamo ormai farlo legittimamente, uscire dalla terminologia kantiana e servirci dei termini usati nella parte precedente, possiamo raccogliere e completare l'analisi del criterio kantiano in una forma forse più chiara.

I valori morali sono valori riconosciuti dalla pura ragione, valori che esprimono la volontà dell'uomo in quanto è essere ragionevole. La esigenza caratteristica sentita profondamente dal Kant, che i valori morali siano superiori ed estranei ad ogni interesse egoistico, e apprezzati e voluti per sé, indipendentemente da ogni considerazione delle loro conseguenze, lo spinge (poiché la volontà come potenza pratica gli sembra inevitabilmente legata a tendenze e impulsi sensibili, a fini, cioè a rappresentazioni di conseguenze valutabili solo in rapporto alla sensibilità del soggetto) a fare dei valori morali degli enti di ragione, a trarli dalla ragione pura, a fare della ragione pura la ragione pratica ("la ragione pura è per se stessa pratica").

Ma la ragione per quanto si faccia non dà valori; la ragione esige o impone la coerenza; teorica: dei giudizi fra di loro e con i principi e i dati su cui si fondano; pratica: delle valutazioni derivate e mediate con le valutazioni direttamente date o postillate, e delle azioni con le valutazioni. Non dà dunque le valutazioni, sebbene sia tutt'altro che trascurabile, anche per questo rispetto, l'ufficio di confronto, riduzione, subordinazione, unificazione che le è proprio.

Non è meraviglia che a voler cavare, da essa soltanto, i valori morali, non se ne estragga in ultimo che questa esigenza di una universale coerenza della volontà con se stessa; esigenza necessaria e caratteristica di ogni uomo che sia persona, perché sottintesa, affermata, voluta (anche quando coi fatti la smentiamo, ma sempre a malincuore) costantemente, come prova e testimonianza a noi stessi della unità spirituale, della esistenza e continuità dell'io come persona. Ma essa per sé non ci dice né che cosa sono i valori, né quali sono i valori sui quali si fonda e ai quali deve far capo l'esigenza unificatrice della coerenza. La ragione appresta, scegliendoli dal groviglio delle conoscenze, i riti adatti a fornir la trama dell'ordito. Ma i fili dell'ordito, i valori fondamentali sono dati dalla volontà; né si può derivarne la natura dalla natura della trama; né dal disegno della tela.

Né maggior luce può venire dalla Volontà come il Kant la concepisce; né dal concetto del Volere puro né da quello del Volere buono.

Il Volere puro, il Volere autonomo, il Volere spoglio come s'è detto, di ogni impulso sensibile, e capace di volere i valori morali per sé, non può esser per lui che il Volere che vuole la ragione, la ragione stessa in quanto è pratica, in quanto è forma legislatrice, e non dà che questa medesima universalità.

Quanto al concetto del Volere buono, esso aggiunge bensì alla nota dell'universalità (rispetto della legge perché è legge) la nota dell'obbligatorietà (un'azione è buona quando è compiuta per il dovere); ma questa nota è possibile nel volere buono soltanto in causa del conflitto tra il rispetto della legge morale - col quale si identificherebbe per sé il volere puro - e gli impulsi sensibili.

È, dunque un carattere che riguarda la moralità, non la valutazione morale, e che esprime il pregio la eccellenza la supremazia dei valori morali in confronto degli altri valori; ma non dice in che consistano i valori, né donde nasca questa eccellenza (se non dall'universalità della legge). In ogni caso anche se il dovere è, nella conoscenza dell'uomo empirico, la ratio cognoscendi della legge, sta però nella legge la ragion d'essere del dovere e, non nel dovere la ragion d'essere della legge. Sapere che i valori morali debbono essere attuati non è sapere in che consistono, né sapere perché meritano che si debba attuarli.

Che debbano essere scritti con la iniziale maiuscola tutti i sostantivi che viene imparando, potrebbe anche essere per uno scolaro tedesco il criterio per distinguerli come tali dalle altre voci del discorso; ma non è l'obbligo di scriverli con l'iniziale maiuscola che li fa essere e diventare sostantivi.

Resta da esaminare la forma che il criterio di valutazione assume nella 2° delle note formule; quella in cui si assegna alla legge un contenuto cioè un fine; e il rispetto della legge perché legge, diventa rispetto dell'umanità o della persona umana come fine in sé.

Ma è facile vedere come questa pretesa derivazione dalla prima formula, o è veramente chiusa nei limiti di una derivazione e non dice nulla di più di quella onde è dedotta; o assume davvero un contenuto, e questo costituisce per sé un criterio di valutazione distinto e diverso da quello da cui si pretende dedurlo.

Il quale non si esaurisce più nell'universalità della valutazione morale ma richiede un riferimento agli oggetti della valutazione; ed è un criterio non più formale soltanto, ma anche materiale. Se, anche inteso così, sia adeguato al bisogno resterà da vedere più innanzi.

Il termine che media il passaggio kantiano dalla legge come forma all'umanità come fine è il rispetto della natura ragionevole.

- Poiché la legge è la ragione, il rispetto della legge, cioè della ragione, importa il rispetto dell'essere ragionevole, come tale; della natura di essere ragionevole e della persona umana nella quale si manifesta a noi questa natura.

Si potrebbe già discutere, a rigore, sulla legittimità di passare dal rispetto della ragione al rispetto di una natura ragionevole, perché ciò che impone rispetto nella ragione è secondo il Kant la sua forma legislatrice e non il soggetto, qualunque sia, che la porta, e in cui si realizza questa forma.

Tuttavia, finché si pensa l'essere ragionevole come puramente tale cioè come costituito di sola ragione ed esaurientesi in essa, il passaggio si riduce in fondo ad una ipostasi, e il contenuto non muta. Ma quando si deve venire all'uomo, il trapasso è ben diverso. L'uomo è essere ragionevole, ma non tutto, e non soltanto ragione. Ora: quando si dice rispetto della persona umana, si intende rispetto di tutta la persona in quanto nella persona si rivela una coscienza uno spirito (che la comprende sì, ma è ben lungi dall'esaurirsi nella ragione), oppure si intende la persona in quanto è essa stessa ragione e null'altro, cioè in quel che ha di universale, di medesimo in tutti gli uomini, di (come si dice, sebbene il dirlo qui paia un bisticcio) impersonale?

Non c'è che da ripetere quel che s'è detto già; dall'assumere come fine questa persona-ragione vuota di ogni altro contenuto non si ricava altro criterio che sempre e ancora il rispetto della ragione come tale.

E solo verrebbe fatto di chiedersi se questo inchinarsi davanti alla persona, soltanto per quel che vi è in essa di medesimezza e di identità con ogni altra persona e non anche per quel che vi è di proprio originale, individuale e irriducibile, non si assomigli all'inchinarsi davanti a un apparecchio telefonico per il rispetto dovuto alla voce autorevole che in esso risuona.

Oppure si intende che la ragione (o meglio un Volere razionale) conferisce dignità all'uomo, a tutto l'uomo, a tutte le facoltà e attività che essa ordina e fonde nella unità inscindibile del medesimo e del diverso, del comune e del proprio, dell'universale e dell'individuale; che non la ragione, ma lo spirito umano nella interezza delle sue manifestazioni, la coscienza vivente in ogni persona merita questo rispetto; e allora, allora soltanto, si può parlare di un contenuto che non si esaurisce nella forma.

Ma è troppo evidente che inteso così il rispetto alla persona non si può derivare dal rispetto alla ragione e alla legge perché legge.

Intesa così la persona umana, essa non è più l'universalità vuota e astratta di una legge fine a se stessa, ma è la sorgente di quei valori morali dei quali la "ragione" constata la universale validità e la riconosciuta sovranità sugli altri valori, mette in luce le esigenze, determina le condizioni di attuabilità; (e potrà poi indagare se e come tali esigenze e condizioni si possano conciliare con quelle degli altri ordini di valori e in particolare con quello del sapere); di quei valori morali che il "Volere puro" pone in forma di legge, e il "Volere buono" attua in forma di doveri.

Che per la natura ragionevole dell'uomo si intenda non soltanto la pura forma della ragione, ma anche altre facoltà, disposizioni, modi di essere e forme di attività, e che il Volere ragionevole non riconosca come valore morale soltanto la conformità alla forma della ragione, ma la conservazione l'incremento l'esercizio di queste altre facoltà e attività spirituali, appare in forma tipicamente significativa nel commento già riferito sopra con l'esempio (il 3° della fondazione) a cui si riferisce: "Come essere ragionevole egli (l'uomo) vuole necessariamente che tutte le facoltà siano sviluppate in lui, visto che gli sono state date per servirgli ad ogni sorta di fini possibili".

Questo volere dell'uomo ragionevole, che è il volere puro, il volere autonomo, morale, è dunque il volere che vuole "necessariamente" lo sviluppo di tutte le facoltà, cioè il volere di cui si pensa e si ammette che il contenuto sia costituito da valori già dati e riconosciuti senza contestazione come fini di un volere buono cioè come valori morali

 E che veramente si sottintendano come già noti e riconosciuti è confermato all'evidenza dall'analisi di ciò che costituisce veramente il presupposto fondamentale non solo di quella citata ma dalle altre esemplificazioni; con le quali si prova - non già, come s'è visto, l'impossibilità per sé di universalizzare - ma l'impossibilità di volere che una tal massima valga come universale.

Infatti la ragione per la quale non si può erigere a massima universale il principio che chi è stanco della vita può uccidersi (1°esempio) non è già l'impossibilità di concepire seguita una tal massima da tutti quelli che sono stanchi della vita, ma l'impossibilità di volere che sia riconosciuta e adottata; perché essa implica che si affermi la superiorità del piacere sui valori morali (dei quali la vita è condizione); mentre, appunto perché li riconosciamo come morali, affermiamo e vogliamo il contrario.

Così nel secondo, il dato contro cui urta la universalizzazione della massima - che sia lecito promettere con l'intenzione di non mantenere - è la superiorità sottintesa della sincerità e della lealtà sull'interesse egoistico; e la conseguente impossibilità di volere che cessi di essere riconosciuta universalmente quella superiorità di cui noi siamo certi.

Del terzo esempio si è detto, e si è accennato anche al quarto; nel quale ultimo è sottinteso manifestamente il valore della simpatia e della benevolenza, che non possiamo ammettere sia subordinato al valore della propria quiete o dei propri comodi.

E appare manifesto che la riduzione del criterio di valutazione morale a criterio puramente formale suppone che siano già noti, quanto al contenuto, i fini dell'operare morale; già conosciuti e determinati, quanto all'oggetto loro, i doveri. E risponde alla domanda: quand'è che l'intenzione dell'operare è veramente buona, che un atto è veramente morale? ma non alla domanda: quali sono le azioni, in cui questa buona intenzione si deve tradurre; quali sono i fini a cui il volere buono deve rivolgersi; ossia quali sono i valori, nella cui attuazione fatta con purità di volere consiste la moralità?

Alla quale domanda si presume dunque che la risposta sia già data dalla coscienza morale. E la risposta è data infatti, e non può esser data, che da lei.

Ma se la risposta non fosse univoca?

Se, supposto pari in due coscienze il rispetto della legge, la legge comandasse all'una quel che vieta o non comanda all'altra, potrebbe bastare a dirimere il contrasto tra le due leggi il sapere che il volere è buono quando si determina per rispetto alla legge, e che la moralità consiste nel compiere il dovere per il dovere?

Capitolo secondo

LA DIVERSITÀ DEI CRITERI MORALI

Non vi è una coscienza morale, ma vi sono, a rigor di termini, tante coscienze morali quante sono le coscienze personali nelle quali sono riconosciuti come supremi e normativi e validi indipendentemente dal flusso momentaneo e variabile delle valutazioni transitorie e accidentali, certi valori; ed è riconosciuta l'esigenza che il criterio di valutazione corrispondente possa valere non solo come norma costante del giudicare e del volere proprio, ma anche come norma costante del giudicare e del volere altrui; ossia come norma universale del giudicare e del volere di ogni persona.

Se si ammette o si suppone che quei certi valori siano per tutte le coscienze i medesimi, si può parlare della coscienza morale, come una ed identica non solo di forma, ma anche di contenuto; se si ammette il contrario, si deve riconoscere una pluralità di coscienze morali più o meno discordanti e una pluralità di criteri di valutazione che si presentano alle diverse coscienze con la medesima autorità di valutazioni morali, cioè con la medesima forma.

Il fascino singolare che esercitò ed esercita la morale di Kant viene non dal suo formalismo per sé, ma dal fatto che, mentre spoglia e purifica la moralità da ogni fine materiale e quindi dal pericolo di ogni considerazione soggettiva, la dottrina è sostenuta e vivificata dalla fiducia salda e incrollabile che si debba riconoscere o si possa dimostrare che dentro quella forma cape, e non può capire che un solo contenuto; dietro quella legge si debbano trovare infallibilmente i fini che la coscienza morale riconosce come buoni, e quelli soltanto.

Ma s'è visto che lo sforzo è, e non poteva non essere, vano. Il criterio formale di Kant sembra convenire ad un solo e unico contenuto, a certi valori ed a quelli soltanto, perché si ammette già che la coscienza morale sia unica; che la sua voce non soltanto parli in ogni coscienza con lo stesso tono, ma dica le medesime cose.

In realtà il criterio formale non esprime che l'esigenza della razionalità: una legge non è legge se non è valida sempre nei medesimi casi; una norma non è suprema se non a patto che ogni altra norma sia subordinata ad essa; un criterio di valutazione non è più un criterio, ma un capriccio, se i miei giudizi di valore non si accordano costantemente con quello; se io non riconosco legittimo - fatto da qualsiasi altro - il giudizio che quel criterio esigerebbe da me nel medesimo caso.

Ma è un'illusione credere che possa bastare la razionalità per sé a distinguere i valori dai non valori; i valori morali dai valori non morali, a farci riconoscere - senza appello diretto o indiretto a qualche dato o postulato non razionale - il valore di un oggetto qualsiasi (di un contenuto), ideale o reale.

Si governa non meno razionalmente l'avaro, quando giudica ed opera in ogni caso come se il danaro fosse l'unico bene per sé, il supremo bene, purché riconosca legittimo che ogni altro giudichi e operi allo stesso modo, di quel che faccia l'esteta quando ragguaglia ogni cosa a un ideale di bellezza, o l'intellettuale che non riconosca altro scopo degno alla vita che la ricerca della verità. E quando si dice o si crede di dimostrare che è "contrario alla ragione" non un giudizio apprezzativo che contraddice al criterio accettato, ma il criterio stesso come tale, non si può affermare o dimostrare questa contrarietà se non perché si sottintende che vi sono - cioè sono riconosciuti e desiderati - altri valori diversi, superiori o non subordinabili a quello dal quale è tratto il criterio in questione; e si trova contrario alla ragione che non si tenga conto di quest'altri valori, che si giudichi e si operi come se questi non esistessero, o fossero inferiori mentre sono superiori, o incondizionati mentre sono condizionati.

Ma se si fa l'ipotesi che questi altri valori non siano tali per un Tizio che li ignora, qualsiasi istanza di irragionevolezza contro di lui cadrebbe a vuoto, anzi sarebbe essa irragionevole.

Adunque il criterio del Kant non supera, dato che ci siano, le differenze di contenuto valutativo.

Se in nome della mia coscienza morale io pongo il valore dell'umiltà, e in nome della propria coscienza morale un'altra persona lo nega, l'universalizzare le massime che rispondono alle due valutazioni opposte non mi fa avanzare d'un passo verso una soluzione del conflitto, se non a questa condizione: che io creda di poter dimostrare che una delle massime si accorda e l'altra contrasta con una terza massima nella quale è affermata l'esigenza di un volere riconosciuto o ammesso incontestabilmente come morale.

E si presenta inevitabilmente, senza che sia possibile eluderla, la domanda:

C'è o non c'è questa pluralità di contenuti discordanti nella valutazione morale?

C'è.

Si è osservato più sopra (Parte I, Cap. 3°) che ogni oggetto ideale o contenuto di valutazione morale ha o può avere nello stesso tempo valore per altri rispetti, cioè può essere considerato come un valore di altra specie. Anzi è per questa relazione dei valori morali con valori di ordine diverso che si è cercato e si è creduto di poter trovare il fondamento della valutazione, la ragione d'essere del valore morale in una finalità di natura edonistica (egoistica o altruistica) o noetica o estetica o religiosa.

Se si considera una tale rivalutazione eterogenea come pretesa di far valere - con questa e per questa ragione - per morale, un valore che non sia già sentito come morale, il tentativo, è come s'è visto, del tutto illusorio.

Ma se si considera, al contrario, come espressione di una finalità che può assumere in questa o quella coscienza importanza prevalente, che può o potrebbe - all'infuori del carattere specifico di eticità per il quale è posto da quella stessa coscienza come valore morale - essere sentita come superiore in pregio ai fini di ogni altro ordine, e degno di subordinarli, essa contiene in sé la ragione capitale della diversità e discordanza dei fini e dei criteri, che pretendono di valere ciascuno come supremo nella valutazione del contenuto proprio dei valori morali.

L'esteta si foggia un suo modo ideale di bellezza per il quale i valori si ordinano da sé in una scala determinata dalle connessioni di inerenza e di condizionalità degli altri valori, con i valori estetici; e il mistico un ideale di santità, al quale subordina gli altri valori, accogliendoli e graduandoli in quanto convengono, negandoli in quanto disconvengono; e così lo spirito contemplativo che ama sopra ogni cosa la verità, e così l'egoista calcolatore e l'altruista generoso.

I valori che, per essere morali, hanno già una validità e un'autorità intrinseca che li distingue dagli altri valori, si vestono di necessità nella coscienza dell'esteta del mistico e così degli altri, di quel particolare colore, che li fa, sentire e riconoscere rispettivamente come valori estetici, religiosi, noetici e via dicendo; e se continuano a valere per la forma come morali, valgono - per il contenuto -

soprattutto come valori di quell'ordine che è nella coscienza il dominante. Basta per convincersene badare alle differenze caratteristiche della motivazione, con la quale ciascuno dei tipi di coscienza supposto giustifica a sé e agli altri il valore che riconosce, poniamo, alla temperanza, o alla forza di volontà, o alla veracità, o ad altra virtù.

Ora questo coincidere e fondersi, quanto al contenuto, del valore morale col valore dell'ordine che esprime l'orientamento prevalente della coscienza - anche quando non è in giuoco la valutazione etica - non solo conduce alla transvalutazione notata, ma tende a indurre insieme un processo di transvalutazione inversa; cioè a dar colore e calore di convinzione e di apprezzamento morale ai valori di quell'ordine, a riconoscerli come morali e a pretendere che siano riconosciuti per tali anche dalle persone, nelle, quali non si afferma il medesimo orientamento.

Ed è istruttivo (e non è sfuggito agli umoristi) il calore col quale parla di diritti offesi e rivendica gli interessi sacrosanti della giustizia l'egoista gretto che vede frustrato un suo piccolo calcolo ingegnoso che aveva a mala pena il pregio di non urtare nel Codice penale; e quello (sia pure di dignità fuor di paragone diversa) dell'artista, che grida allo scandalo e invoca un preciso dovere dello stato a reprimerla, se offenda il suo senso estetico, la trascuranza per un tronco di colonna dimenticato. E si potrebbe continuare, in modo anche più evidente, per gli altri.

Così ciascuno degli orientamenti valutativi tende ad allargare nella direzione corrispondente la sfera dei valori morali, includendovi un contenuto proprio diverso, e non coestensivo al contenuto di ciascun altro. E perciò accade che i diversi sistemi di valutazione - animati come sono e pervasi da un interesse tipicamente diverso - abbiano in realtà in comune soltanto una parte di quei valori che ognun d'essi, per l'esigenza sua propria, riconosce come morali; abbiano cioè comuni soltanto quei valori morali che sono nello stesso tempo valori diretti o indiretti del proprio genere, o che almeno non contrastano e non negano quella propria specifica esigenza. I diversi sistemi assomigliano così a cerchi eccentrici di vario raggio che si intersechino fra di loro; dei quali è minima la superficie comune a tutti, ed è sempre più grande la parte d'estensione rispettivamente comune a un numero di cerchi minore; e in misura variabile, secondo che sono meno o più eccentrici fra di loro.

D'altra parte, anche la coscienza nella quale l'orientamento tipico è dato dall'interesse stesso morale (la coscienza dell'homo ethicus) si trova a dover considerare nei valori estetici religiosi intellettuali economici il valore morale diretto o indiretto che assumono o possono assumere in grazia di relazioni analoghe a quelle considerate sopra (il valore p. es. che l'attività scientifica e l'estetica e le doti richieste e promosse da questa attività possono avere per la cultura morale).

E non solo: ma per la considerazione felicemente messa in evidenza dal Moore sul valore organico (il "quanto" per il quale il valore di un tutto eccede il valore di uno dei suoi fattori non è necessariamente eguale a quello del fattore che rimane: ethics, Cap. VII: Intrinsic value), si trova a dovere apprezzare diversamente l'oggetto ideale della valutazione morale, quando esso è nello stesso tempo oggetto di una valutazione diversa, intellettuale, per es., od estetica. (Non è senza significato anche per questo rispetto che il Sommo Bene sia stato identificato col Sommo Bello).

Si aggiunga finalmente (il "finalmente" chiude ma non esaurisce le osservazioni su questo proposito) che il carattere di interiorità dei valori morali, il quale si fa tanto più spiccato quanto più la coscienza personale è concepita come sorgente e creatrice autonoma dei valori, tende a staccare, anche nella coscienza dell'homo ethicus, il valore morale dagli schemi che esprimono una esteriore conformità alla valutazione, per riconoscere un pregio preminente alle note interiori di spontaneità, di libertà, di autonomia; il che porta ad estendere la dignità intrinseca dei valori morali anche a quegli altri valori spirituali nei quali splende un raggio di quelle medesime luci; e non tanto a distinguere i valori morali da altri valori spirituali, quanto a distinguere il contenuto interiore e spirituale dei valori dal contenuto esterno e materiale nel quale si traducono.

Così nella coscienza personale si attenua e si fa più incerta, e trasmutabile per molti modi, la distinzione tra i valori morali e gli altri valori spirituali. In altri termini: mentre, si può dire a un dipresso, dal trionfo dell'etica cristiana fino al Kant la valutazione morale aveva avuto per le diverse coscienze della stessa civiltà e cultura un contenuto comune determinato e costante (e, in ogni caso, la parte di contenuto sulla quale cadeva il dissenso finiva per essere praticamente quasi trascurabile), a partire dalla "Dichiarazione dei diritti" della Rivoluzione francese, si delinea e si allarga nel campo della valutazione morale una sempre maggiore differenza di contenuto tra coscienza e coscienza; e si fa più frequente e più profondo il contrasto tra i criteri di valutazione rispettivamente accolti come supremi.

E i sistemi nei quali i valori morali sono ricondotti a un criterio intellettuale, o estetico, o religioso, o etnico, o umanitario, o filogenetico, o solidaristico, o egotistico, o quale altro si voglia, non sono più, guardati per questo rispetto, tentativi dispersi, ma, per così dire, paralleli di giustificare o di "fondare" il valore di un medesimo contenuto; essi esprimono invece, nella parte forse maggiore e più significativa, una diversità di contenuti contrastanti; e soltanto in parte un contenuto comune, che si colora pur esso diversamente, secondo la fiamma a cui si riscalda.

Perciò, considerata nell'interiorità della coscienza personale, la parte di contenuto etico nella quale essa sente di concordare colle altre non ha per sé autorità maggiore o diversa delle parti per le quali discorda. A meno che la coscienza stessa possa o debba riconoscere, senza abbandonare il proprio criterio di valutazione, una qualche differenza, se non di natura, di grado, tra quella e queste.

Capitolo terzo
LA CONDIZIONALITÀ NEI VALORI MORALI

Se si suppone, per un'ipotesi inverosimile, che lo spirito filantropico, lo speculativo, il religioso, l'estetico, non riconoscano rispettivamente altri valori all'infuori di quelli che si possono commisurare al criterio di valutazione proprio di ciascheduno, si troverà tuttavia che certe doti spirituali, poniamo, l'alacrità, la tenacia, il dominio di sé, l'ardimento, sono e debbono essere considerate come valori da tutti indistintamente i tipi supposti; perché tutti (nell'ipotesi, sottintesa, che siano intelligenti) debbono riconoscere che quelle doti personali sono condizioni o indispensabili o sommamente utili alle forme di attività corrispondenti, cioè all'attuazione di quell'ordine di valori che ciascuno ha posto a sé come tali.

Per la medesima ragione si troverà (la deduzione è troppo ovvia perché occorra più che l'accenno) che debbono essere riconosciuti come valori il rispetto della integrità e della libertà personale, l'osservanza dei patti, lo scambio dei servizi e via dicendo. e con essi i costumi, le istituzioni, le leggi che assicurano la conservazione e l'incremento di queste condizioni sociali; e le disposizioni di spirito (lealtà, imparzialità, simpatia) che ne avvalorano il rispetto nella coscienza personale.

Adunque tutti i tipi suddetti, e gli altri che si potrebbero analogamente supporre, saranno portati a riconoscere e ad apprezzare in sé e negli altri - astrazion fatta da ogni valutazione morale - dei valori, sia propriamente personali (doti della persona che possono sussistere nel soggetto indipendentemente dal suo atteggiarsi rispetto ad altre persone); sia sociali (doti che riguardano questi atteggiamenti); valori che nascono dal rapporto di condizionalità costante che li stringe a ciascuno degli ordini supposti.

Di più: il rapporto di condizionalità dal quale viene ai valori citati in esempio il carattere di strumentalità, è diverso, come è facile vedere, da quella strumentalità esterna accidentale e variabile che lega il blocco di marmo all'opera dello scultore, o la conferenza di propaganda al disegno dell'altruista, o un libro agiografico all'interesse del mistico, o la scala dell'Osservatorio agli studi dell'astronomo: appunto perché là si tratta di condizioni preliminari indispensabili e permanenti, il cui valore non solo non si esaurisce nell'atto singolo che ne dipende, ma non è sostituibile da alcun altro strumento o condizione.

È dunque una condizionalità necessaria, permanente e insurrogabile, in forza della quale ciascuno dei detti tipi dovrà riconoscere a siffatti valori condizionanti una superiorità, se non di pregio intrinseco, di precedenza imprescindibile sui valori diretti e finali che ne dipendono.

Non occorre lungo discorso per intendere come per effetto del medesimo rapporto il filantropo potrà essere condotto a riconoscere i detti caratteri di condizionalità anche a qualità attitudini forme di attività, alle quali o non potrà attribuirli o dovrà forse attribuire un valore negativo, o di ostacolo, ossia un disvalore, il mistico o l'esteta; e inversamente; e come perciò sarà possibile una distinzione tra i valori propri esclusivamente di ciascun tipo di valutazione, e i valori condizionanti comuni a qualsiasi ordine, dato (come gli esempi citati dimostrano possibile) che ve ne siano di cosiffatti.

Questi valori comuni avranno dunque oltre ai caratteri già notati, anche quello di essere strumentali rispetto a quale si voglia criterio di valutazione che sia posto come normativo; cioè avranno una condizionalità universalmente necessaria permanente e insurrogabile.

Aggiungiamo ora un nuovo elemento all'ipotesi; e supponiamo che tanto il filantropo quanto lo speculativo e il mistico e l'esteta riconoscano, ciascuno, come l'ordine dei valori morali, quell'ordine di valori che risponde alla direzione tipica della propria coscienza. Accadrà che la valutazione morale dell'uno coinciderà quanto al contenuto con la valutazione morale di ciascun altro soltanto per quei valori nei quali si riscontra la sopraddetta condizione; e che mentre ciascuno interiormente riconoscerà come una esigenza morale l'attuazione di tutti i valori posti e dichiarati dalla sua coscienza a lui come morali, dovrà riconoscere in pari tempo, che, per le volontà per le quali vale come normativo un ordine di valori diverso, la detta esigenza non comprende tutti questi medesimi valori, ma soltanto quelli la cui strumentalità condizionale è universalmente necessaria. Cioè dovrà riconoscere che, esteriormente alla propria coscienza, l'imperatività del proprio criterio è limitata a questa più ristretta sfera di valori. In altri termini, non potrà esser posto come criterio morale e comune se non un criterio ali valutazione che assuma, come universalmente validi e costantemente subordinanti ogni altro valore, quei valori appunto nei quali si riscontra la detta priorità condizionale; ma che insieme non neghi, e non escluda i valori morali propri di ciascuna coscienza in particolare, cioè nessuno di quegli ordini di valori, nel quale si inquadra e si giustifica per ciascuna coscienza individuale quel contenuto comune.

Si delinea dunque, per la riflessione critica obbiettiva, una distinzione tra i valori la cui attuazione è riconosciuta come un'esigenza universale e costante per qualsiasi coscienza capace di moralità, e i valori la cui attuazione è un'esigenza soltanto per la coscienza che li pone a sé come morali; tra i valori per i quali ogni coscienza può riconoscere legittima una legislazione esterna che ne imponga la validità; e i valori dei quali una legislazione esterna deve soltanto non escludere la possibilità; tra i valori che possono essere oggetto di una obbligazione a un tempo interna ed esterna, e i valori che, non possono essere oggetto che di una obbligazione interna.

Gli esempi addotti in principio di questo capitolo per chiarire il concetto di un contenuto comune universalmente valido, non rispondono a una determinazione rigorosa; e hanno soltanto un carattere provvisorio di opportunità. Se ora cerchiamo di fissare con precisione quali sono propriamente i valori che lo costituiscono, troveremo facilmente che essi si assommano in due condizioni riconosciute in effetto (e non potrebbe essere altrimenti) come valori primari fondamentali da ogni sistema morale: la libertà e la giustizia.

La libertà esprime l'esigenza delle condizioni soggettive necessarie a fare dell'uomo una persona padrona di sé di fronte a sé e di fronte a ogni altra persona; la giustizia esprime l'esigenza delle condizioni obbiettive necessarie all'esercizio universalmente efficace di questa libertà.

L'attuare in sé e in ogni altra persona questi valori di libertà e di giustizia (ed i valori impliciti in questi) deve dunque essere riconosciuto come un dovere universalmente valido, anzi come il solo dovere (o la sola categoria di doveri) veramente universale.

Ma qui è da notare una circostanza rilevante.

La libertà non è una condizione di fatto, un possesso dato; ma è, come vide e affermò fervidamente il Fichte, una conquista da fare, una idealità che si viene realizzando e che richiede sforzi sempre nuovi e impone sempre nuovi doveri. E il medesimo è da dire della giustizia che è lo specchio sociale della libertà.

Ora se il valore della libertà e della giustizia (e la validità dei doveri che ne derivano) consiste, come apparirebbe dalla deduzione fattane qui, soltanto nel loro essere condizione necessaria ad ogni ordine di valori; è continua ed inevitabile la possibilità di un contrasto nella coscienza dell'intellettuale, dell'esteta, dell'altruista, tra l'interesse sempre presente, diretto della conoscenza o della bellezza o della simpatia e i doveri mediati e indiretti della libertà e della giustizia; o, in termini generali, tra i valori diretti e per la coscienza individuale supremi, e i valori che per lei appaiono soltanto indiretti e strumentali.

Così obbiettivamente nell'ordine di una possibile legislazione esterna, sarebbero doveri primari, soli veri doveri, quelli appunto che soggettivamente per la legislazione interna di molte se non di tutte le coscienze individuali, valgono come doveri derivati, cioè tali soltanto in grazia di doveri d'altro ordine, dei quali l'obbligatorietà esterna tutela subordinatamente, ma non impone l'osservanza.

E resta in ogni caso la questione: Quei valori che una coscienza riconosce come valori in sé, e a cui commisura gli altri valori sono posti ad arbitrio?

Capitolo quarto
Il PRESUPPOSTO DI OGNI VALUTAZIONE MORALE E L'OPPOSIZIONE FONDAMENTALE DEI CRITERI

La distinzione stabilita nel capitolo precedente implica che siano valori morali diretti, cioè supremi e normativa per ogni coscienza, soltanto quelli che la coscienza stessa pone a sé e riconosce come tali; e non dà ragione del fatto che siano posti e riconosciuti come valori morali diretti, cioè valori per sé, anche quei valori di libertà e di giustizia che appaiono, nella deduzione che se n'è fatta qui sopra, come valori morali universali soltanto in grazia del rapporto necessario di precedenza condizionale che li lega ai primi. E ciò significa che la distinzione stessa non ha che un valore provvisorio, finché non si ammette quella tesi, e non si dà ragione di questo fatto.

C'è, sottinteso, nella tesi del resto inevitabile - che siano valori morali per ciascuna coscienza quei valori che essa pone a sé come supremi e normativi, qualche presupposto? E qual è questo presupposto?

Non è difficile scoprirlo.

Perché un ordine di valori, diciamo per comodità di espressione, una idealità, sia riconosciuta da una coscienza come suprema e normativa si richiedono due condizioni imprescindibilmente:

1° che la detta idealità possa costituire un criterio di valutazione atto a subordinare ogni altro valore, a dare unità coerente alle valutazioni e a segnare una direzione costante alla volontà;

2° che essa sia in effetto posta dalla volontà come suprema e riconosciuta degna di dirigerla; e perciò che l'attuazione di quella e la esclusione di ogni atto che la neghi sia sentita come un esigenza incondizionata (esigenza di non smentire con la volizione la volontà, con l'atto la valutazione); e sia sentito o posto idealmente come dovere il subordinare ad essa ogni altro valore e il negare ogni interesse che contrasti con quello.

Ma queste due condizioni sono le condizioni stesse che fanno dell'io temporaneo disgregato e molteplice una unità, cioè una Volontà consapevole e coerente, un carattere, una persona; sono in una parola le condizioni della personalità.

Riconoscere il valore supremo di ciò che costituisce l'unità personale, di ciò per cui l'individuo si afferma ed esprime la sua volontà di essere persona, implica dunque il presupposto del valore diretto, originario, incomparabile e incommensurabile, cioè assoluto, della persona umana, come volontà di essere tale e come coscienza di questa volontà.

Questo valore per sé, intrinseco e assoluto della persona, è dunque il presupposto implicito, il postulato sottinteso in ogni valutazione morale; perché non si può riconoscere il valore morale di nessun oggetto o fine o idealità senza postulare il valore della volontà personale che lo pone, e fuori della quale non avrebbe senso l'esigenza normativa che lo fa essere morale.

Ed è vana, anzi in sé contraddittoria, ogni discussione sulla sua legittimità. Perché discutere di questa legittimità non è possibile senza ammettere e postulare come dato e fuori di ogni contestazione, qualche valore intrinseco, al quale si possa riferire e col quale si possa confrontare e commisurare il valore in discorso.

E poiché il valore che dovrebbe servire di termine di confronto e di dato incontestabile per giudicarlo, implica necessariamente la validità di ciò che deve essere giudicato, cioè la legittimità del presupposto del quale si discute, ogni contesa assiologica intorno ad esso si avvolge irrimediabilmente in un circolo vizioso.

Avviene, mutatis verbis, qualche cosa di perfettamente analogo a quel che accade nel campo della conoscenza, quando si discute del valore teorico della ragione. Ogni critica presuppone necessariamente la validità di quella ragione che è chiamata in causa.

Bisogna dunque accettare o respingere la legittimità del presupposto; accettando o respingendo insieme ciò che si regge sulla sua validità.

Non c'è via di mezzo possibile. Ricusarlo vuol dire negare ogni valore morale; accettarlo vuol dire riconoscere valore morale a ciò che costituisce la personalità, a ciò che le è essenziale, e che la fa essere non la personalità astratta e comune che non sussiste per sé e non basta a costituire questa o quella persona, la mia persona; ma la persona individuata viva e concreta, in quel che ha di universale e di comune e in quel che ha di proprio, di suo, di individuale; l'umanità non dell'uomo genere, dell'uomo tipo, ma di questo o di quell'uomo. In quanto è uomo, senza dubbio; ma anche in quanto è questo.

L'uomo-ragione dà, come s'è detto e ripetuto, la sola coerenza. Non è poco, ma non è tutto.

L'uomo-volontà pone questa coerenza come legge del mio valutare e del mio fare, impone a me che l'idealità posta e riconosciuta come suprema valga veramente come suprema, che io ne affermi il valore intrinseco, ne approvi o ne accetti le esigenze sempre dovunque si presentano, in me e fuori di me; mi impone, in una parola, di essere persona; e di volere che ogni uomo sia persona.

Ma non è ancor tutto. Quel che io devo essere per valere come persona, l'idealità che deve dare unità al mio io, e in cui si esprime non la volontà in genere, ma la mia volontà di essere persona. è posta da questa mia volontà ed ha valore per me perché è posta da lei.

Certo, la mia coerenza deve essere e non può essere altro che la coerenza della ragione; l'esigenza che la mia volontà impone a me di essere persona è quella medesima esigenza che la volontà di ciascun altro (capace di moralità) impone a lui, e che a me e a lui e a ciascun altro impone il rispetto della persona come tale; ma l'una e l'altra esigenza non investono il medesimo contenuto spirituale in me e negli altri. Limitano le categorie di valori, nelle quali l'io può attingere l'idealità regolatrice, ma non determinano per tutte la medesima idealità.

La mia volontà deve - per far di me una persona - uniformarsi a quelle due esigenze che sono le esigenze necessarie e costanti di ogni personalità (non solo reale, ma anche fittizia); e deve perciò superare l'io transitorio, l'io degli interessi momentanei e mutevoli (dei quali non si misura il valore che dal loro effetto su di me), e appuntarsi in una idealità che le sia norma; ma non può uscire di sé per diventare una volontà diversa, non può cessare di essere quella certa volontà, che fa di me non la persona umana in generale, ma la mia persona.

Insomma non può volere l'unità se non di quello spirito di cui è la volontà.

Ma quale è la prova che questa idealità non è un capriccio dell'io transitorio e mutevole, ma è veramente legge delle mie valutazioni e delle mie azioni?

La prova non è e non può essere data se non a me stesso, da me, dall'attestazione della mia coscienza. Ed è perciò che la legittimità dei valori posti da me non è contestabile da altri né controllabile.

Ma vi è tuttavia una prova esterna, di fatto, tenuta normalmente valida nel giudizio comune; e che è veramente necessaria, anche se non è sempre sufficiente; e questa prova è il sacrificio. Appunto perché il sacrificio attesta che ogni mia facoltà, ogni mio potere si raccoglie e si appunta nella volontà di attuazione di quel valore; e che io nego e respingo da me ciò che mi costringerebbe a negarla.

Così è che il valore della vita si misura dal valore di ciò a cui si è disposti a sacrificarla; e che, per converso, l'esser pronti alla morte apparisce l'affermazione più decisiva del valore di ciò a cui si è devoti.

Le esigenze costitutive della personalità si attuano dunque informando di sé un contenuto spirituale che è sempre in qualche parte proprio e caratteristico di ciascuna coscienza individuale; come raggi di una medesima luce che tralucono per cristalli diversi; e ciò fa di quel particolare contenuto la condizione o il mezzo per il quale la personalità si Pone e si realizza nell'io individuale e concreto; la materia che si suggella di quella forma.

E il valore morale di questo contenuto nasce da questo suo essere lo strumento il tramite, per il quale si esprime nella coscienza individuale il valore assoluto della personalità umana.

Per tal modo l'idealità, nella quale si concreta per la coscienza delle persone singole il criterio o la legge della valutazione morale, costituisce per ciascuno l'affermazione della unità spirituale della sua volontà di essere persona, della sua libertà.

Così la libertà, che nella deduzione esteriore ed empirica del capitolo precedente acquista valore solo strumentalmente universale e necessario, in quanto l'attuazione dei valori di libertà appare la condizione comune e imprescindibile della attuazione di ogni ordine di valori, è invece qui valore per sé immediatamente universale; e sorgente di quegli stessi valori che valgono per le coscienze singole come supremi soltanto perché sono lo strumento del realizzarsi di essa libertà in ciascheduna. È, quindi, la sorgente così dei valori costitutivi della personalità in astratto, come dei valori costitutivi delle diverse personalità in concreto; così dei valori universali della persona ideale come dei valori propri della persona reale.

Nel presupposto stesso di ogni valutazione morale ha dunque radice così l'esigenza dell'universale come l'esigenza dell'individuale; l'esigenza di una valutazione comune e l'esigenza di una valutazione singolare e propria; ossia l'esigenza che la Volontà personale si affermi ad un tempo, come riconoscimento dell'una e dell'altra, o, meglio, dell'una nell'altra.

L'imperativo della libertà è ad un tempo: sii persona, e: sii la tua persona; sii uomo, e: sii quel che tu devi essere per essere uomo; rispetta l'umanità, e: rispetta in te e in ogni altro l'espressione individuale e concreta dell'umanità.

A nessuno verrà in mente di credere che si intenda di stabilire così il dovere di creare nuovi valori, di affermare nuove intuizioni morali; e porre accanto al dovere di essere giusti, quello di essere originali.

Sarebbe come voler obbligare uno scienziato a fare delle scoperte, almeno nel senso che si suol dare comunemente alla parola. Le intuizioni morali nuove, come le scoperte scientifiche, come le nuove forme di arte, si presentano a chi... le trova. Spiritus flat ubi vult.

Ma vi sono, in un certo senso più modesto, come nella ricerca scientifica le piccole continue scoperte di indagatori e di studiosi mediocri ma coscienziosi, che cavano e puliscono la selce e temprano l'acciarino, dai quali l'uomo di genio farà sprizzare la scintilla, così nella vita morale le piccole nuove intuizioni e nuove interpretazioni, e connessioni, ed elevazioni di valori morali, che preparano il solco alla semente dei grandi. Vi è, a guardar bene, perfino nell'apparente applicazione monotona di una medesima massima alla medesima classe di azioni, un'impronta, un segno, una sfumatura, nella quale si rivela l'originalità morale della persona; originalità di finezza, di delicatezza, di grazia, di abnegazione, di calore, di fantasia, di acume; gradazioni e colorazioni diverse di valori noti, combinazioni nuove di pregi prima disgiunti. Ciò che è proprio di una persona anche comune (sia venia al bisticcio) non è tanto il rivelarsi di una proprietà, o dote, o qualità diversa; di un nuovo elemento di valore (che non è novità frequente neanche nei grandi); quanto questo modo, col quale si raccolgono, si mescolano e si fondono per lui in sintesi nuove i valori elementari già intuiti. Ciò che è caratteristico dell'individuo consiste anche qui, se si dà alla parola il suo significato originario, in una "idiosincrasia".

Queste minori e, nella loro infinita varietà inafferrabili, differenze individuali, si raccolgono però, come accade, attorno a tipi diversi, segnati soprattutto dal prevalere, conforme a quel che si è accennato già, di un ordine di valori sugli altri. Dal che possono derivare non solo differenze assai grandi, ma opposizioni recise.

E qui sta appunto la sorgente dei contrasti tra valutazioni morali diverse, di fronte ai quali la critica non può fare che opera di constatazione e di sistemazione.

Come possa adempiere a questo ufficio e quali frutti se ne possano attendere non è qui il luogo di esaminare.

Qui importa solo notare come questa indagine e sistemazione critica non potrà che presentare, nella forma tipica più compiuta e recisa e col massimo rilievo, i contrasti che sorgono naturalmente dal prevalere, nella unificazione morale della coscienza personale, di uno piuttostoché di un altro ordine di valori, e dalla misura di questa prevalenza.

Ma la forma fondamentale sarà data dal contrasto tra i valori universali morali - i valori di libertà e di giustizia - e quelli che valgono come supremi (cioè che pretendono, come i morali, la direzione suprema della valutazione), nella coscienza individuale.

Se la libertà e la sua sorella germana, la giustizia, fossero patrimonio acquisito e non come è, come deve essere, una conquista faticosa del genere umano che dura e durerà nei secoli, il problema non esisterebbe se non nella forma di esigenza della conciliazione di quei valori spirituali che non si presentano come necessariamente e universalmente morali.

Problema formidabile anche questo, ma non tale da segnare una antitesi di criteri non conciliabili; antitesi che rende necessaria la subordinazione dell'uno dei due all'altro, ma che può legittimare nella coscienza personale così l'una come l'altra soluzione.

Questa antitesi è, in breve, tra i valori di giustizia e i valori di cultura; tra l'esigenza che ogni uomo sia o possa diventare persona, cioè volontà libera consapevole e coerente, e l'esigenza che si accresca e si arricchisca di nuovi valori l'uomo che è già persona, che è già, se non l'uomo libero del Fichte, l'uomo che ha coscienza del suo dover e del suo poter farsi libero, e che vi tende come al suo supremo valore.

È, in termini forse meno precisi ma più recisi, l'antitesi tra il numero e la qualità, tra l'estensione e l'intensità; tra il dovere di rendere partecipi (di porre la possibilità che si facciano partecipi) dei valori di libertà - accessibili soltanto ad alcuni -, quelli che non ne sono partecipi, e il dovere di accrescere in quelli che già li possiedono i valori di cultura, che sono pure, almeno mediatamente, incremento dei valori di libertà.

L'umanità (la persona umana) si rispetta elevandone in sé e negli altri il valore; si eleva così nell'uno come nell'altro dei modi anzidetti.

Le due vie sono convergenti?

Speriamo che siano; ma, nella valutazione presente, tra l'incremento di una cultura, dalla quale sono esclusi i più tra quelli che pur ne sono strumento necessario, e la possibilità di togliere o scemare questa esclusione, quale è l'esigenza morale prevalente?

Dire che la cultura dei pochi è necessariamente elevazione di tutti, o dire che l'elevazione di tutti è necessariamente incremento della cultura, è baloccarsi con parole; è un ripetere su un altro verso le vecchie coincidenze del bene generale col bene individuale. Il dire non basta a porre in essere quel che si dice.

Capitolo quinto

L'ATTUAZIONE DEI VALORI MORALI E I RAPPORTI DELLA MORALE CON LA POLITICA E LA RELIGIONE

Alla distinzione fondamentale che ha origine nel presupposto stesso di ogni valutazione morale (il valore assoluto della persona umana), tra valori morali universali e valori morali propriamente personali, corrisponde naturalmente una distinzione nel carattere di obbligatorietà che assume rispettivamente nella coscienza l'attuazione degli uni e quella degli altri.

Ai primi corrisponde, o si concepisce che debba e possa corrispondere una obbligatorietà ad un tempo interna ed esterna, ai secondi solamente una obbligazione interna. In quanto la società organizzata, lo stato, il Potere politico è posto come potere che fonda e garantisce le condizioni esterne della moralità, l'ideale politico è una derivazione necessaria e un elemento dell'idealità morale; e rivestendo per tutti ugualmente il medesimo carattere formale di Potere giusto, cioè di Potere la cui esistenza e validità è affermata e voluta in grazia dell'esigenza morale a cui soddisfa, assume tuttavia per ciascuno un contenuto in misura maggiore o minore diversa, secondo il modo nel quale è concepita la giustizia che si potrebbe dir costitutiva; cioè la giustizia come posizione e conservazione delle condizioni esterne necessarie alla libertà di tutti.

È notissimo, e sarebbe superfluo chiarire questo punto, che qui si disegnano due orientamenti di coscienza diversi e in alcuni, se non tutti i postulati pratici, opposti; e due concezioni politiche corrispondenti, tra le quali intercorrono gradazioni varie di partiti.

E sono: l'indirizzo che prende norme dal liberalismo conservatore: - la giustizia è la garanzia della libertà di tutti nelle condizioni sociali storicamente date e quello che prende impropriamente nome dal socialismo

Il quale dal punto di vista etico trova, e non potrebbe essere altrimenti, (come si è notato sopra, P. I, Cap. IV, B) la sua giustificazione in una finalità di contenuto individuale. È individualismo; universalistico si, ma individualismo. Una prova di ciò assai significativa è appunto la deduzione che il Fichte fa dal dovere che ciascuno ha di attuare in sé la massima libertà, del diritto alla formazione ed educazione morale di sé, alla cultura, ai mezzi necessari alla cultura, al lavoro. Insomma, ai medesimi postulati del socialismo; salvo che là... sono detti in modo diverso: la giustizia è la costituzione di condizioni sociali tali che ciascuno trovi in esse la medesima possibilità esterna di valere come persona - (che coincide con l'interpretazione più universalmente radicale della famosa seconda formula della fondazione di Kant).

Ciò che qui importa di notare è piuttosto che in essa si rivela una forma del conflitto fondamentale di cui si è toccato, nel modo di intendere la conciliazione o meglio la subordinazione delle due esigenze costitutive della personalità: l'esigenza universale e l'esigenza individuale.

Senonché, appunto perché il conflitto tra queste due esigenze è considerato soltanto in relazione alle condizioni esteriori, esso prende quanto alla forma veste giuridica e quanto al contenuto natura economica; si presenta come negazione o posizione nel Potere politico della facoltà di sottoporre ad una legislazione esterna il possesso e l'uso dei mezzi di produzione e i modi di distribuzione della ricchezza.

La quale limitazione del carattere del conflitto è dovuta non solamente e non tanto all'abbassamento inevitabile che ogni idealità subisce nel tramutarsi da esigenza etica in programma politico, quanto ad una necessità intrinseca alla costituzione stessa del Potere e alle condizioni della sua validità.

Nell'esemplificazione introdotta qui sopra (Parte II, Cap. III) si è supposto che l'idealità normatrice potesse avere per contenuto un ordine di valori noetici o estetici o religiosi o edonistico-altruistici, ma non si è considerato distintamente il caso che l'ordine normativo dei valori fosse dato dall'edonismo egoistico; perché esso, nell'opinione comune, che risponde anche solitamente a verità, non presenta quei caratteri formali di validità morale e di esigenza normativa, con i quali può, o si concepisce che possa, presentarsi nella coscienza il contenuto costituito dagli altri ordini di valori.

Ma questo non toglie che anche l'egoismo possa erigersi a massima di condotta, a principio normativa, purché, si intende, l'egoista nazionalizzi il suo egoismo; cioè riconosca legittimo che valga nelle medesime condizioni per tutti quello stesso criterio di valutazione, che assume come valido per sé, e che dà, per ipotesi, coerenza al suo giudicare e al suo fare.

Ora è da notare che dal puro calcolo egoistico nazionalizzato si deduce quel medesimo ordine di valori universalmente strumentali di libertà e di giustizia, che si deduce da ciascuna delle idealità normative supposte.

E basta a persuadercene il fatto che l'economia pura assume come presupposto, cioè come norma universale di condotta dell'homo oeconomicus, appunto un postulato edonistico, non solo, ma edonistico-egoistico. Ed è noto che il liberalismo politico è modellato - s'intende sempre nel suo aspetto puramente politico, cioè esteriore - sul liberismo economico.

Questa considerazione contraddice solo in apparenza la tesi, per la quale non può essere normativo che un valore considerato come valore per sé distinto dagli impulsi e dai desideri transitori e variabili del soggetto; perché il valore che l'economia contempla in realtà, non è il Piacere, o la soddisfazione soggettiva, ma la ricchezza. La quale ha bensì sempre normalmente soltanto un valore strumentale, ma (anche lasciando in pace l'esempio dell'avaro) può essere - ed è in effetto dall'economista-considerata come valore per sé, e come comune termine di riferimento di ogni specie di valori edonistici; e perciò di ogni ordine di valori in quanto sono considerati e valutati nel loro effetto edonistico, nel quanto di soddisfazione e di godimento che se ne trae e che è misurato obbiettivamente dal quanto di ricchezza necessario a procacciarli.

Ne segue che il Potere politico e il sistema giuridico che riceve da esso sanzione e validità di diritto positivo, possono assumere un significato e un valore al tutto diversi - pur avendo per contenuto una medesima materia - secondo che questo contenuto è valutato come un ordine di valori strumentali che trova la sua ragion d'essere e la sua giustificazione soltanto nel suo carattere di condizione necessaria della coesistenza degli egoismi individuali, o secondo che è considerato come un ordine di valori morali diretti e immediati, come un'esigenza del valore primario assoluto della persona umana, e della libertà che ne è la nota essenziale. E ne segue parallelamente che si possa ravvisare nell'ordine giuridico così la realizzazione di un'esigenza etica, come un sistema di condizioni che precede idealmente l'esigenza etica e la rende possibile, ma che sussiste e sussisterebbe per sé indipendentemente da essa.

In realtà, siccome il valore morale non è valore e non è morale se non per la coscienza che lo sente e lo riconosce come tale, l'alternativa che ne nasce è questa: che o si riconosce come ordine di valori per sé, suscettivo di assumere in alcune o in molte delle coscienze individuali carattere e forma di valori morali, anche l'ordine dei valori edonistico-egoistici, o si deve ammettere che il contenuto del diritto, in quanto fosse legittimato soltanto da una deduzione etica e non dal principio della convenienza egoistica, resterebbe estraneo all'egoista; subito da lui, ma non approvato e non voluto. Cioè tale che non si potrebbe pretendere ragionevolmente da lui che lo riconosca e lo accetti.

Dal che nasce la conseguenza che la deduzione etica del diritto deve coincidere, quando al contenuto, con la deduzione puramente egoistica, cioè che le norme di diritto devono essere stabilite come se la loro ragion d'essere fosse unicamente l'utilità egoistica.

E il fatto - inevitabile - che la sanzione (premio o pena) ha un contenuto egoistico, cioè si risolve in un motivo egoistico dell'osservanza del diritto, sembra confermare tale conseguenza.

Di qui seguono due corollari non trascurabili per la valutazione dei rapporti tra morale e politica. Il primo è questo: che il Potere politico, in quanto è forza di coazione che pone come esternamente obbligatorie certe condizioni quali si siano (negative o positive) dell'attività dei singoli, non è mai per sé, direttamente, organo morale; perché il valore morale, che è del tutto interiore, insindacabile e incoercibile, sfugge a questa azione; e perché i mezzi di cui la legislazione esterna può disporre - sia di persuasione (premi), sia di costrizione (pena) - non possono presentarsi che come motivi di ordine egoistico; e hanno per sé un valore o premorale (cioè di condizione di fatto anteriori alla moralità ed estranei ad essa) o pro-morale (cioè tengono luogo del motivo morale o ne surrogano l'efficacia pratica quanto agli effetti esteriori della condotta). Perciò gli istituti politici non sono in sé né morali né immorali se non in quanto sono valutati come tali interiormente dalla coscienza dei singoli.

Il secondo è questo: che dovendo l'ordine giuridico poter essere giustificato da un punto di vista puramente egoistico, affinché il Potere politico possa avere un contenuto, non soltanto negativo, ma positivo, comune col contenuto delle diverse idealità tipiche morali (essere o diventare organo promotore e fautore dei mezzi di cultura), è necessario che il contenuto di queste idealità sia o possa essere considerato insieme come il medesimo, o come elemento o condizione essenziale del contenuto medesimo, delle soddisfazioni egoistiche; o in altri termini, che i valori, poniamo, intellettuali, estetici, simpatetici, religiosi, siano nello stesso tempo i valori più desiderati o desiderabili nel rispetto edonistico, o elementi o condizioni essenziali dei valori egoistici.

E ciò equivale a dire che la funzione primaria e preliminare del Potere politico come organo di cultura è quella di ordinare i mezzi atti a dare ai motivi edonistici un contenuto sempre più spirituale e morale, ossia ad elevare e affinare nei singoli la capacità di sentire e apprezzare come beni migliori e più desiderabili di ogni altro i valori spirituali.

La funzione positiva preliminare è dunque quella di apprestare i mezzi o le condizioni esterne necessarie alla possibile educazione ed elevazione spirituale di ciascuno.

Fin qui si è considerato il Potere politico soltanto come organo di obbligatorietà esteriore rispetto ai singoli soci, dalla cui volontà è idealmente posto, astrazione fatta da ogni relazione dello stesso potere con altri poteri; cioè come stato di fronte ad altri stati.

Ma se si considera per questo rispetto, esso assume ipso facto natura e funzione di Persona in rapporto con altre Persone e raccoglie in sé, unifica e fonde in un'unica Volontà e personalità le volontà e le persone dei singoli. I quali per rispetto agli stati esteri spariscono come volontà distinte, e sono sostituite nel loro valore assoluto di persona dallo stato. Il che significa nello stesso tempo che per questo rispetto la volontà dello stato è per la coscienza di ciascuno la propria volontà, e che lo stato diventa esso soggetto e sorgente di idealità etiche.

Non è possibile e non è necessario esaminare distesamente le conseguenze che nascono da questo diverso significato e valore che lo stato assume in forza dei suoi rapporti con altri stati; ma non è difficile vedere l'antinomia che ne deriva nei rapporti tra il cittadino e lo stato, secondoché lo stato è considerato nella sua azione interna o nella sua condotta esterna. Rispetto a quella il Potere politico è, dal punto di vista etico, mezzo, e la persona singola, fine; rispetto a questa lo stato è fine e il singolo è mezzo. Nel primo rispetto il cittadino non ha doveri verso il Potere politico, se non in quanto vede nell'osservanza di questi doveri una condizione necessaria alla tutela dei propri diritti; nel secondo rispetto non ha diritti di fronte alle stato, se non in quanto, la garanzia di questi diritti sia una condizione necessaria all'adempimento del suo dovere verso di esso.

Dai suoi rapporti col Potere, considerato per quel rispetto, è esclusa (almeno idealmente) ogni esigenza di sacrifizio di sé; considerato per questo, tale esigenza è necessaria.

Di qui la tendenza a far prevalere il secondo ordine di concetti nei partiti politici che considerano come insuperabile l'opposizione degli stati ed eticamente incondizionata la sovranità di ciascuno; e la tendenza opposta nei partiti, che credono superabile l'opposizione, e condizionata eticamente la sovranità degli stati nelle loro mutue relazioni.

Si è avuto occasione di notare nel capitolo precedente che per la ragione stessa per la quale la idealità è concepita e voluta dalla coscienza di ciascuno come normativa di tutta la condotta, per questa ragione la subordinazione di ogni interesse individuale e, quando sia richiesto, il sacrifizio di sé individuo all'idealità etica che lo costituisce in persona, diventano la prova viva e continua del valore intrinseco supremo riconosciuto all'idealità; della conformità, per adoperare termini già usati, del volere operante o esecutivo col volere valutante o legislativo.

In questa devozione a un Valore sentito e voluto come valido per sé all'infuori di ogni interesse puramente soggettivo e accidentale dell'individuo è già la nota caratteristica della religiosità; nota che è rilevata, sebbene con qualche incertezza e confusione, anche nel linguaggio comune. Dove il verbo "adorare" significa appunto devozione a un oggetto, al quale si riconosce un valore incomparabile e a cui si è disposti a sacrificare ogni altro bene.

Ma questa devozione all'idealità, perché sia piena, effettiva e costante, suppone o richiede le disposizioni spirituali, le condizioni soggettive, nelle quali e per le quali si viene attuando; richiede da noi, in noi, il potere di tenerle fede. Ora, quando noi concepiamo l'ideale morale come un Ente, una Virtualità, una sorgente di energie spirituali, a cui attingiamo il potere nostro di realizzarlo in noi stessi, e a cui possono attingere i partecipi della stessa idealità il medesimo potere, e quella virtualità è sentita come divina, e lo spirito perfetto che lo realizza in sé come Dio, la nostra devozione è religione.

Vi è dunque per questo rispetto una certa analogia nei rapporti della Morale con la Politica e con la Religione. Il Potere politico realizza le condizioni esteriori della moralità, la Virtù divina realizza le condizioni interiori.

E poiché l'attuazione del valore morale consiste essenzialmente nell'atto del volere, cioè è interiore e spirituale, e la conformità materiale ed esteriore trae il suo valore dalla prima; così il Potere politico potrà apparire alla coscienza religiosa come mezzo e strumento del Potere religioso. Anzi dovrà apparir tale finché essa considera le condizioni esterne della convivenza come idealmente poste e giustificate soltanto in forza della propria idealità, e non giustificabili fuori di quella.

Ma se si guarda un po' più dentro si vede che la coscienza stessa religiosa deve esser condotta a riconoscere che quella subordinazione non è neppure per essa necessaria; perché la legislazione esterna trova la sua giustificazione in quella stessa esigenza etica fondamentale, in nome della quale essa coscienza riconosce il valore supremo della propria idealità, e l'autorità divina del Potere che la realizza.

È la esigenza del rispetto della persona umana come sorgente di ogni valore; del valore stesso e della inviolabilità della fede che essa attesta, e che oppone a ogni altra fede. Ed implica quella libertà che essa non può negare in altra persona senza negarne il valore per sé: che ogni altro deve riconoscere a lei per non vilipendere la propria; che è il principio da cui muove e il termine a cui riesce ogni elevazione dello spirito.

Inoltre: Ogni sforzo che si faccia per tradurre un dovere religioso in obbligo giuridico e dargli una sanzione materiale esterna, contraddice, nel momento stesso che sembra affermarla, l'esigenza della religiosità. Perché tende a sostituire al motivo religioso - del tutto interiore - della devozione e della adorazione, un motivo esteriore e di necessità egoistico; il motivo della sanzione. Il quale si trova così invocato a garantire ciò di cui è la negazione: la disposizione interiore dello spirito, e la purità delle intenzioni.

Ed è poi, questa distinzione e indipendenza del Potere politico e della legislazione esterna da ogni particolare fede religiosa, da un punto di vista obbiettivo, inevitabile non meno che la indipendenza già notata da ogni particolare idealità morale.

Perché ciò che fa la certezza e la inconfutabilità della convinzione religiosa è insieme ciò che ne fa la incomunicabilità e la indimostrabilità.

È certo che la "esperienza religiosa" del mistico non può essere negata da altri. Le intuizioni alle quali essa si riconduce sono, per la coscienza che le prova, certe di una certezza diretta, cioè anteriore a ogni prova, non meno delle "sensazioni". Ma al pari di queste non sono comunicabili ad una coscienza che non le prova e non le vive.

Potrebbe parere materia di discussione l'interpretazione che il mistico fa di questi dati, il momento (che l'analisi obbiettiva può distinguere dal momento dell'intuizione) per il quale la coscienza trapassa dalla intuizione sua, dall'esperienza propria diretta, all'affermazione del divino in sé, come oggetto dell'intuizione.

Ma anche questo processo sfugge alla discussione perché non è logico ma psicologico: anzi non è per la coscienza del mistico un passaggio, una argomentazione, ma una integrazione che si pone coll'atto stesso dell'intuizione e che è vissuta con la medesima certezza. Perciò, chi vuol sottoporre dal di fuori questo processo ad analisi critica, analizza in realtà qualche cosa di diverso. Analizza il processo discorsivo che dovrebbe fare, per provare la validità della sua conclusione, una coscienza che non senta già la certezza di questa conclusione; o, più esattamente, che consideri come conclusione di un passaggio logico, quel che per il mistico non è conclusione logica, ma è evidenza psicologica.

E d'altra parte è pur vero che questo medesimo carattere di evidenza immediata che rende la certezza del mistico invulnerabile ad ogni attacco di critica, le toglie nel medesimo tempo ogni possibilità di dimostrazione.

Se poi la certezza religiosa si fonda sull'autorità e non sull'"esperienza" non ne è perciò meno inevitabile la individualità e la incomunicabilità. Perché se l'autorità della rivelazione è accettata come tale per un atto di ossequio, di riverenza e di devozione alla divinità dalla quale è data, essa è un atto di volontà, non di ragionamento, e presuppone quella certezza del divino, alla quale essa rivelazione dà bensì un contenuto dogmatico, ma non dà, se non lo trova, il valore di certezza.

E se la mia coscienza la accoglie in virtù di prove teoriche o storiche o morali, per le quali sia indotta a riconoscere nella rivelazione stessa un'origine divina, le prove della rivelazione (supponendo pure superati tutti i problemi che vi si riferiscono) non sono prove della certezza che io ho del divino, ma sono prove che mi inducono a riconoscere nella rivelazione un segno di quel divino, di cui ho la certezza.

Ma il riconoscere questo carattere interiore personale e insindacabile così delle diverse idealità etiche come delle diverse credenze religiose (anche se si accompagni alla consapevolezza che ciò che costituisce la legittimità e inviolabilità dell'una è, nello stesso tempo, ciò che costituisce la medesima legittimità e inviolabilità di ciascun'altra), non è la medesima cosa che spogliare ognuna di esse di quella tendenza alla negazione non solo, ma alla esclusione delle dottrine opposte, che è propria di ogni fede, vale a dire della affermazione del valore intrinseco di una idealità, che per ciò si riconosce come degna di valere universalmente.

In questa diversità e molteplicità varia e inesauribile di valutazioni sta la fonte di ogni incremento della cultura e di ogni elevazione spirituale.

Ciascuna di queste voci è una voce umana, la voce di una persona; e ciascuna deve poter farsi sentire. Ma quella ragione medesima che pone questa esigenza ne pone il limite; e i limiti sono i valori morali universali il cui contenuto si allarga e si arricchisce della potenzialità di sempre nuovi valori nella esperienza dolorosa e gloriosa dei secoli; e che tralucono per tutto dove è qualche lume di umanità, perché sono il pregio a cui si riconosce l'uomo e si misura la sua dignità di uomo.

Liberum esse hominem est necesse; vivere non est necesse.